Katharina Juliana Cichosch

Frankfurter Straßennamen erzählen

Katharina Juliana Cichosch

Frankfurter Straßennamen erzählen

Von Wolfsgang-, Wed und Woogstraße

SOCIETÄTS
VERLAG

Satz: Nicole Ehrlich, Societäts-Verlag
Umschlaggestaltung: Nicole Ehrlich, Societäts-Verlag
Covermotiv: © fotolia: Klaus Eppele
Druck und Verarbeitung: CPI – Ebner & Spiegel, Ulm
Printed in Germany 2012

ISBN 978-3-942921-36-7

Inhaltsverzeichnis

Exotische Tiere, lokaler Ursprung

Affentorplatz

An die Vorstellung wilder Bären oder streunender Wölfe im historischen Frankfurt kann man sich schnell gewöhnen. Und auch Straßennamen wie *Hinter den Sauseen* kann man sich noch problemlos aus der heimischen Flora und Fauna herleiten. Aber Affen, mitten in Sachsenhausen? Diese Vorstellung will dann doch nicht so recht ins Bild der schmucken Fachwerkhäuser passen, kennt man es doch sonst eher aus den Städten und Plätzen Ostasiens, wo Makaken und andere Kleinaffen fast schon als ganz normale Straßenbewohner gelten (sich aber, so viel sei gesagt, leider nicht immer entsprechend zivilisiert verhalten). Denkbar wäre zum Beispiel eine Widmung an den Frankfurter Stadtzoo – doch auch die hätte hier zumindest keinen örtlichen Bezug, schließlich befindet sich Sachsenhausen *dribbdebach* und der Tiergarten mit sei-

Der Affentorplatz: Namenspate für die lokale Gastronomie

THAI
MASSA
Affentorplatz
26-20
Einbahnstraße
BOMBAY PALACE

nen Affengehegen geradewegs auf der anderen Mainseite. Was hat es also auf sich mit diesem Straßennamen?

Tatsächlich dürfte auch der Affentorplatz, wie so viele Namen, dem gemeinen Lokalkolorit geschuldet sein. Schließlich wird im Hessischen gern mal die ein oder andere Silbe verschluckt oder abgekürzt. Und so könnte der heutige Affentorplatz tatsächlich auf das benachbarte Aschaffenburg zurückgehen: als sprachliches Relikt des historischen Stadttores, einst Aschaffenburger Tor oder Aschaffenburgtor, welches im Wandel der Zeit irgendwann zum *A'ffentor* abgekürzt wurde.

Dabei bietet der Affentorplatz durchaus noch weitere Deutungsmöglichkeiten: Anderen Experten nach könnte das Wort *Affen(tor)* geradewegs auf den städtischen Nachbarn *Offen*bach hindeuten. Auch in diesem Fall hätten wir es mit einem schönen Beispiel manchmal durchaus irreführender Frankfurter Mundart zu tun. Wieder andere Quellen verweisen auf das gleichnamige Haus „Zum Affen", welches dem Affentor erst zu seinem eigentlichen Namen verholfen haben soll.

Natur statt Kneipe

Am Bier

'S ist so schön hier am Bier ..." – auf diesen Straßenzug ließe sich bestimmt das ein oder andere feuchtfröhliche Lied anstimmen! Schließlich ist es *Am Bier* besonders idyllisch. Was auch der Straßenname bestätigt: Denn während er Unkundigen an einen nur allzu platt gewählten Namen für ein rustikales Ausflugslokal erinnert, ist der Name tatsächlich wieder einmal der Geografie geschuldet. Wald- und Flurnamen gibt es viele in Frankfurt, etliche davon haben den umliegenden Straßenzügen ihren ganz spezifischen Namen geliehen. Im Falle des Waldstückchens, welches nun zufällig einmal auf die eigentümliche Bezeichnung „Bier" hört, geht sich dies einmal besonders originell aus. Dass hinter dem Namen pure Idylle steckt, verraten auch die Immobilienanzeigen einschlägiger Anbieter. Das zugehörige Wohngebiet gilt als gute Adresse mit direktem Zugang zu Natur und Spazierwegen. Ganz in der Nähe fließt der Erlenbach durchs Bier, und als ausgewiesenes Vogelschutzgebiet kann man hier mit ein wenig Glück und Geduld auch seltenere Federtiere beobachten. Dafür allerdings muss man auf Trinklieder schon einmal verzichten – schließlich sind einige der hier heimischen Vögel äußerst scheue Bewohner. Bei starken Regenfällen übrigens sollte man nicht die Straße *Am Bier*, wohl aber die umliegende Landschaft lieber meiden: Der Erlenbach kann bei entsprechendem Hochstand potenziell gefährlich werden.

Schöne Aussichten Am Bier

Thermalbad Sossenheim

Am Faulbrunnen

Die schönsten Geschichten schreibt manchmal eben nicht das Leben, sondern unsere eigene Vorstellungskraft. Oder wie sonst sollte man die Idee bezeichnen, dem westlichen Stadtteil Sossenheim einfach ein „Bad" voranzustellen und es somit zu einem echten Kurort zu machen? Mit Besucherströmen, die Jahr für Jahr zur sagenumwobenen Quelle mit ihrem wohltuenden Heilwasser pilgern; mit prächtig florierendem Einzelhandel und schicken Boutiquen bekannter Modedesigner; gar mit feudaler Bäderarchitektur und einem Kurmittelhaus, in dem emsige Damen Terminwünsche für Moorpackungen und Massagen entgegennehmen?

Klingt alles wie ein schönes Hirngespinst? Ist es ja auch. Die Voraussetzungen für ein Bad Sossenheim mit eigener Thermalquelle aber standen nicht einmal so schlecht, wie man gemeinhin annehmen dürfte. Einen wichtigen Hinweis hierfür liefert uns der nicht unbedingt klangvolle Straßenname *Am Faulbrunnen.* Der Straßenzug befindet sich rund um den gleichnamigen Brunnen, der seinen Namen wiederum vom faulig riechenden Wasser erhielt, welches hier noch heute in dünnem Strahl aus gusseisernen Hähnen an die Oberfläche sprudelt. Seinen üblen Geruch verdankt das Wasser dem relativ hohen Schwefelgehalt, der einst als vielversprechender Hinweis für eine kommerzielle Nutzung als Heilquelle gesehen wurde.

Vielleicht erinnert sich der ein oder andere alteingesessene Sossenheimer zumindest an Erzählungen aus jener Zeit, in der viele Bewohner von einer Zukunft als Thermal- und Kurort träumten. 1925 nämlich sprudelte das Wasser immer schwächer aus dem dorfbekannten Faulbrunnen.

SOSSENHEI

R'SPRUDEL

Eine Bohrung sollte dem Versiegen entgegenwirken – und gleichzeitig den Grundstein legen für eine Nutzung im größeren Stil. Mit einer professionellen Nutzung des viel besprochenen Quellwassers, so die Hoffnung, könnte Sossenheim an den Trend des gerade aufkommenden Bädertourismus anknüpfen. Diese Hoffnung wurde jedoch schon bald darauf enttäuscht: Tatsächlich deutete der faulige Geruch auf einen hohen Schwefelgehalt hin. Dieser war jedoch längst nicht so hoch, um den Anforderungen für echtes Heil- und Thermalwasser zu genügen. Mit diesem Fazit endete der kleine Traum von einem großen Bad Sossenheim schon relativ bald, nachdem er begonnen hatte.

Doch wer jetzt wehmütig wird ob der einstigen Entwicklungsmöglichkeiten des seit 1928 eingemeindeten Frankfurter Stadtteils, dem sei an dieser Stelle auch Tröstliches gesagt: Mit einem feudalen Bad Sossenheim wären uns künstlerische Highlights wie die feinsinnigen Comics „*Last Exit Sossenheim*" des Frankfurter Zeichners und Satirikers Chlodwig Poth über seine geschätzte Heimat vielleicht für immer vergönnt geblieben. Und auch sonst gibt es keinen Grund zur Traurigkeit, schließlich sprudelt das Potenzial des „fauligen Brunnens" noch heute dicht unter der Oberfläche. Vielleicht versöhnt ja auch ein kleiner Ausflug zu diesem Straßennamen mit dem zugehörigen Brunnen: Denn auch, wenn das Wasser vielleicht keine Thermalbad-Qualitäten aufweist – sein hoher Schwefelgehalt erinnert zumindest im Geruch an die typische Luft eines guten Kurorts mit unterirdischen Heilquellen.

Am Lohr, Lohrgasse & Am Lohrberg

Mit gerade einmal 185 Metern hätte der Lohrberg in, sagen wir einmal Österreich, keine großen Chancen. Hier würde er bestenfalls als niedlicher Hügel neben einer Reihe imposanter Dreitausender durchgehen. Im vergleichsweise eher flachen Frankfurt aber ist der Lohrberg ein allseits geschätzter Hausberg, der insbesondere im Sommer zahlreiche Besucher und Einwohner auf seine Wiesen lockt und mit einem fantastischen Ausblick über die Frankfurter Skyline belohnt.

Neben Apfelwiesen und Wäldern ist der Lohrberg für ein ganz besonderes Aushängeschild bekannt: Den eigenen Weinberg, der Jahr für Jahr rund 10.000 Flaschen feinen Riesling hervorbringt. Der offizielle Eintrag in die sogenannte Weinrolle, das bundesweite Register für Weinberge, erfolgte im Jahr 1971.

Seitdem gilt der Lohrberger Hang nicht nur als kleinste und zudem östlichste Anlage der Anbauregion, sondern zudem auch als einziger Weinberg im gesamten Stadtgebiet.

Gerade dieser Hang gibt Aufschluss darüber, wieso der Lohrberg überhaupt Lohrberg heißt – und mit ihm die umliegenden Straßen beispielsweise *Am Lohr, Am Pfingstlohr* oder *Lohrgasse* benannt wurden. Denn der „Lohr“ ist der alt überlieferte Flurname für die Gegend rund um den heutigen Frankfurter Hausberg.

Auch wenn die Bedeutung für den historischen Namen nicht vollständig geklärt ist, so gibt es doch Vermutungen, dass hiermit etwa das althochdeutsche Wort für leer oder kahl gemeint sein könnte. Eine andere Deutung lässt auf eine ehemalige Weidefläche schließen. Für welche Variante man sich auch entscheidet, eines ist sicher: Bäume oder gar Wälder hat es hier in grauer Vorzeit vermutlich nicht gegeben. Genau dieser Umstand dürfte schließlich dazu geführt haben, dass der Berg schon im Mittelalter als ideale Anbaufläche erkannt und entsprechend genutzt werden konnte – und dass wir heute köstlichen Riesling vom Lohrberger Hang genießen dürfen. Denn wo kein Wald ist, da müssen auch keine Bäume gefällt werden. Beste Voraussetzungen also für den Weinanbau und somit für einen gut gereiften, edlen Tropfen vom Lohrberger Hang!

Nicht an allen Stellen kahl: der Lohrberg

Viel mehr als nur ein Gutshof

An den Riederhöfen

Manche Straßen kommen mit größter Bescheidenheit daher – zum Beispiel jener rechte Winkel, der scheinbar unauffällig von der Hanauer Landstraße abknickt und sich *An den Riederhöfen* nennt. So vermutet man hier denn auch eher einen Industriehof, allenfalls noch den Verweis auf einen ehemaligen Gutshof, der sich hier in unmittelbarer Nähe zum Main befunden haben könnte. Doch auch wenn es sich bei den Namenspaten tatsächlich ursprünglich um bewirtschaftete Bauernhöfe gehandelt hat, so waren diese doch alles andere als gewöhnlich. Schließlich bildeten die Riederhöfe einst einen strategisch wichtigen Stützpunkt für die Wehrhaftigkeit der Stadt. Ihren Anfang nahmen sie jedoch als ganz normale, bewirtschaftete Höfe, die im Laufe der Jahrhunderte von den Staufen bis zu den Patriziern immer wieder ihren Besitzer wechselten. Im 12. Jahrhundert schließlich erkannte man die strategisch günstige Position der Riederhöfe und baute sie kurzerhand zu Wehranlagen aus. Im Gegensatz zum weniger bedeutsamen kleinen Riederhof verfügte der Große Hof dabei über einen eigenen Wartturm, der einen guten Rundumblick über die Gegend rund um die heutige Hanauer Landstraße bot.

Bemerkenswert übrigens, dass die Riederhöfe dem Wandel der Jahrhunderte stets standhielten: Das Herrenhaus des Großen Riederhofs, noch im romanischen Stil erbaut, wurde erst nach einem Luftangriff während des Zweiten Weltkriegs vollständig abgerissen.

Neben den Straßennamen, darunter auch die benachbarte *Riederhofstraße*, erinnert heute nur noch eine gotische Torruine an die einst so bedeutsame Wehranlage. Die Ortsbezeichnung Rieder übrigens hat es im heutigen Frankfurter Stadtplan bereits zu einiger Prominenz gebracht – mit der Siedlung rund um den Riederwald sowie den zugehörigen Straßen, Plätzen und U-Bahn-Stationen. Das erstmals von den Römern verwendete Wort Ried bezeichnet dabei nichts anderes als einen sumpfigen, morastigen Untergrund, der hier wie an so vielen Stellen das Frankfurter Stadtbild bestimmte.

An der Welle

Manche Bauwerke sind so speziell, dass sie einfach nach einem eigenen Straßennamen verlangen. So zum Beispiel die zwischen 1998 und 2003 erbaute Frankfurter Welle, deren Name nun auch auf dem zugehörigen Straßenschild verewigt ist. Wobei die relativ neue, architektonische Berühmtheit schon die klassische Frage nach der Henne und dem Ei aufwirft. Schließlich könnte es durchaus sein, dass das wellenförmige Gebäude hier in Referenz an einen altangestammten Flur- oder Straßennamen entworfen wurde. Tatsächlich aber liegt der Fall hier umgekehrt, erst im Jahr 2000 entschied man sich dazu, die zum Gebäudekomplex gehörige Straße entsprechend umzubenennen. Seitdem hat sich die Bezeichnung im lokalen Sprachgebrauch fest etabliert – wer zwischen Alter Oper und Westend flaniert oder im Café sitzt, der trifft sich gern einmal *„an der Welle"*. Drei Segmente, jeweils wellenförmig zueinander angeordnet, geben dem geschwungenen Gebäude seinen Namen.

Dabei hätte alles auch ganz anders kommen können, wäre nur ein anderer Entwurf erfolgreich gewesen: Ursprünglich sollte das ehemalige Gelände der Frankfurter Metallgesellschaft von einem anderen Unternehmen bebaut werden, das für diesen Platz ein zweitürmiges Hochhaus vorgesehen hatte. Finanzielle Schwierigkeiten und nicht zuletzt auch die Ablehnung seitens der Stadt Frankfurt lie-

ßen das Projekt platzen, schon ein Jahr später wurden neue Pläne für das Gelände vorgestellt. Weshalb man heute an dieser Stelle den knapp 60.000 Quadratmeter Fläche umfassenden Gebäudekomplex mit seiner imposanten Form und den einzelnen Segmenten wie Center Building, Park Building und Westwing Building bewundern kann.

Batterie

Irgendwie passt er ja ins Bild, dieser Straßenname am Rande des Höchster Industrieparks. Dabei hat der modern wirkende Begriff nichts mit Strom und Energie, mit Elektrotechnik oder galvanischen Zellen zu tun. Ganz im Gegenteil: An Industrialisierung war noch gar nicht zu denken, als dieser Straßenname seinen Ursprung nahm. In diesem Fall dürfte die *Batterie* vielmehr militärische Wurzeln haben: Aus dem Französischen stammend, bezeichnet dieser Begriff eine befestigte Stellung oder eine militärische Einheit zur Abwehr feindlicher Angriffe. Zur Sicherung dieser Geschützstellungen konnten feste Bauten errichtet werden, die man dann ebenfalls als *Batterie* bezeichnete. Soweit also die Theorie. Die Praxis bestätigt die Vermutungen: Denn tatsächlich spielte ebenjenes Flussufer, an dem sich heute die Straße Batterie befindet, eine strategisch wichtige Rolle bei der berühmten Schlacht bei Höchst, einem Schauplatz des Dreißigjährigen Krieges im 17. Jahrhundert. Die imposanten Mauern rund um die Schlossanlage zeugen noch heute von der Wehrhaftigkeit der Höchster Einwohner. Darüber hinaus aber liefert die *Batterie* kaum noch Hinweise auf ihre militärische Vergangenheit. Das Mainufer auf der einen, historische Schlossmauern und viel Grün auf der anderen Seite: Statt Kriegsschauplatz findet man hier heute Idylle pur.

Barodapfad

Frankfurter Persönlichkeiten gelten als besonders beliebte Paten, wenn es wieder einmal um die Neubenennung eines hiesigen Straßenzugs geht. Dabei müssen diese nicht unbedingt menschlicher Natur sein, wie der Barodapfad im Ostend beweist. Ganz im Gegenteil: In diesem Fall dürfte die Namenspatronin wohl um die zwei Meter gemessen und gleich mehrere Tonnen gewogen haben. Klar, dass für diese äußeren Attribute nur sehr wenige Tiere in Frage kommen: Hier stand eine Elefantendame namens Baroda Pate für den kleinen Straßenzug. Lange Zeit galt Baroda den Bewohnern und Besuchern der Stadt als weithin bekanntes Aushängeschild des Frankfurter Zoos. Was übrigens kaum verwunderlich ist: Durch ihre stattliche Größe und die selbst in Gefangenschaft beachtliche Lebenserwartung werden Elefanten von vielen Zoobesuchern als echte Persönlichkeiten wahrgenommen. Auch Baroda, die 1959 in der Stadt am Main geborene Elefantendame, hatte sich bald einen festen Platz im Herzen der Frankfurter Bewohner gesichert. Ihr „Umzug" nach Hamburg, rund 25 Jahre später, sorgte deshalb für einigen Unmut in der Bevölkerung. Die Entscheidung für diesen Umzug war nüchtern betrachtet jedoch mehr als sinnvoll und zudem äußerst tierfreundlich: Als Tierpark in Innenstadtlage verfügt der Frankfurter Zoo naturgemäß über eine relativ kleine Fläche und somit begrenzte Kapazitäten, um neue Gehege zu bauen und diese artgerechter zu gestalten. Weil mehrere Versuche,

Barodapfad
Baroda
letzter Elefant im Frankfurter Zoo, lebte dort von 1959 bis 1984. Damit sie unter Artgenossen sein konnte,wurde die indische Elefantenkuh in den Hamburger Carl-Hagenbeck-Tierpark umgesiedelt.
10,0
MAINOVA AG

den Zoo mit zusätzlichen Außengeländen (unter anderem am Ginnheimer Wäldchen) dauerhaft zu erweitern gescheitert waren, musste sich Zoodirektor Dr. Faust eine andere Lösung überlegen. Nachdem alle anderen Elefanten aus ihrer Familie verstorben waren, vereinbarte er schweren Herzens einen Umzug für die von allen liebgewonnene Baroda. Um das Gedenken an das graue Rüsseltier lebendig zu halten, benannte man 2002 schließlich den kleinen Straßenzug am Ostend in Barodapfad um. Der Wegzug der Elefantendame aus Frankfurt markiert übrigens zugleich einen gewissen Wendepunkt innerhalb des städtischen Zoos, der seitdem keine Elefanten mehr beherbergt hat und sich heute in erster Linie auf die artgerechte Unterbringung kleinerer Tierarten spezialisiert hat.

Barodas Lebensgeschichte in Kurzform

Bornheimer Fünffingerplätzchen

Auf den Stadtplan passt dieser Name in seiner gesamten Länge gar nicht drauf: Denn der Platz, der sich hier als Knotenpunkt zwischen Berger Straße, Heidestraße, Ringelstraße, Rendeler Straße und Löwengasse befindet, ist auf dem Papier schlichtweg zu klein für ganze 30 Zeichen. Seinen Namen verdankt das Bornheimer Fünffingerplätzchen dabei genau dieser Eigenschaft: Fünf Straßen zweigen von hier aus ab, was den winzigen Platz wie eine Hand mit fünf Fingern wirken lässt.

Doch wer genau nachzählt, der dürfte erst einmal irritiert sein: Tatsächlich sind es sechs einzelne Straßenzüge, die hier am Bornheimer Plätzchen mit seinen Bäumen und Sitzbänken aufeinandertreffen.

Des Rätsels Lösung zeigt sich, wenn man die einzelnen Straßennamen nebeneinander setzt und feststellt, dass die Bergerstraße hier zweimal vertreten ist – auf der einen Seite mündet sie in das Fünffingerplätzchen, auf der anderen nimmt sie ihren weiteren Lauf. Trotzdem: Zählt man die einzelnen Abzweigungen, so hat dieser Platz nicht fünf, sondern sechs Finger.

Der Grund für die Benennung in Fünffingerplätzchen dürfte in der Frankfurter Stadtgeschichte zu finden sein. An anderer Stelle nämlich gab es noch vor einigen Jahrzehnten ein gleichnamiges Plätzchen, von dem genau fünf Straßenzüge abzweigten: Die Rede ist vom Fünffingerplätzchen, das sich in der historischen Innenstadt zwischen Römerberg und Altem Markt befand und welches im Zweiten Weltkrieg komplett zerstört wurde. Und damit keine Verwechslungsgefahr zwischen dem historischen und dem aktuellen Platz besteht, hat man letzteren eben vorausschauend als Bornheimer Fünffingerplätzchen benannt.

Vorfahren der Hessen

Chattenweg

Nur Banausen denken bei diesem Straßennamen an die Errungenschaften des World Wide Web. Schließlich würdigt der *Chattenweg* keine Geringeren als die Vorfahren moderner Hessen! Namensgeber ist der Volksstamm der Chatten, die man entsprechend germanischer Lautverschiebung als *Xatten* ausspricht. Deren Name wiederum wurde im Laufe der Jahrhunderte mit einiger Wahrscheinlichkeit zu den heute allseits bekannten *Hessen* umgestaltet. Dabei ist es vielleicht nur einer Reihe höchst glücklicher Zufälle zu verdanken, dass die Nachfahren eines einst unbedeutenden Kleinstammes sich bald über weite Teile des heutigen hessischen Bundeslands verbreiten konnten. Historische Siedlungen sind insbesondere in den Tallagen von Flüssen wie Lahn und Fulda bekannt.

Übrigens sind die Chatten in Unterliederbach in bester Gesellschaft – auch, wenn das zumindest den historischen Namenspaten nicht unbedingt gefallen dürfte. Nur einen Katzensprung entfernt befindet sich zum Beispiel der *Cheruskerweg*, der an den gleichnamigen germanischen Stamm erinnert. Und auch die Alemannen, die Markomannen und die Teutonen sind hier im Straßennetz verewigt. Die besondere Ehre, Vorfahre der heutigen Hessen zu sein, kommt dabei jedoch in erster Linie den Chatten zuteil.

Seite 34: Der Chattenweg in Unterliederbach

2-8
Chattenweg
1-11

Eiserne Hand

Wie behalf man sich im 14. Jahrhundert, als industriell gefertigte Wegweiser noch in ferner Zukunft lagen? Ganz einfach: Man schnitt eine Eisenstange in geeigneter Größe zu, positionierte sie an gewünschter Stelle und befestigte eine eiserne Hand, die allen Ortsunkundigen zuverlässig die Richtung wies. So oder ähnlich geschehen auch im gleichnamigen Straßenzug, dessen Ursprünge bis ins Mittelalter zurückreichen. In diesem Fall soll die *Eiserne Hand* übrigens gen Friedberger Tor und somit in Richtung der *Eckenheimer Landstraße* gezeigt haben, die den nordöstlichen Weg aus der Stadt markierte.

Dieser Straßenverlauf war übrigens alles andere als gottgegeben: Vor Erbauung der rund 325 Meter langen, bogenförmigen Straße *Eiserne Hand* befand sich das Friedberger Tor noch auf der Höhe der alten Stadtmauer. Kaiser Karl Ludwig der Bayer schließlich war es, der 1333 eine Stadterweiterung genehmigte. Ein Beschluss, der nicht zuletzt auch die heutige *Zeil* und andere Straßenzüge begründen sollte. Im Fall der *Eisernen Hand* bedeutete dies eine regelrechte Umstrukturierung des damaligen Stadtkerns, mit Neu-Positionierung zahlreicher Bauwerke. So wurde zum Beispiel auch das Friedberger Tor an seinen heutigen Standort gebracht. Rund 140 Jahre später schließlich gelang der Stadt Frankfurt die Eingemeindung Bornheims, welche sogleich mit einer Wehranlage (der heutigen

Bornheimer Landwehr) markiert wurde. An diesem Punkt schließlich kommt die *Eiserne Hand* ins Spiel: Sie wurde unterhalb der Landwehr gebaut und diente hier als wichtiger Wegweiser gen Nordosten, geradewegs aus der Stadt hinaus, wo sich noch heute das Friedberger Tor befindet. Einen eisernen Fingerzeig sucht man hier heute allerdings vergebens.

Und doch weist neben dem Namen noch ein weiteres Indiz auf das beachtliche Alter dieser Straße hin: Während die umliegenden, deutlich neueren Straßen relativ geometrisch angeordnet sind, verläuft die *Eiserne Hand* in einem schwungvollen Bogen zwischen *Friedberger-* und *Eckenheimer Landstraße.*

Rechts: Zu erkennen am gekonnten Schwung – historischer Straßenzug Eiserne Hand

Eiserne Hand

MATSUNAGA
Schlemmermeyer

Der offiziell inoffizielle Straßenname

Freßgass'

Die *Freßgass'* hat sich ihren Namen redlich verdient. Selbst Kritiker einer möglichen Umbenennung bezirzt dieser Straßenzug mit schlagkräftigen Argumenten. Denn welcher Name könnte treffender sein für eine Meile, in deren Häusern sich eine kulinarische Verlockung an die andere reiht? In der traditionelle Feinkostläden mit guten Frankfurter Spezialitäten neben französischen Patissiers zu Hause sind, ergänzt durch eine Handvoll Fast-Food-Ketten und Café-Filialen, wie man sie in den Großstädten dieser Welt für gewöhnlich so findet? Eben. Und genau aus diesem Grunde hat man den inoffiziellen Straßennamen *Freßgass'* irgendwann offiziell gemacht – allerdings auf höchst inoffiziellem Wege: Im Straßenverzeichnis der Stadt Frankfurt am Main nämlich sucht man die *Freßgass'* vergeblich. Dort heißt der Straßenzug nach wie vor *Kalbächer Gasse* – ebenso übrigens wie auf den Stadtplänen, die von einer *Freßgass'* noch nie gehört haben wollen. Still und heimlich aber hat es der Name doch bis auf die offiziellen Straßenschilder dieser Stadt geschafft: Dezent unterhalb des offiziellen Namens baumelt ein Straßenschild im Mini-Format. *Freßgass'* steht dort in dicken Lettern geschrieben - als netter Hinweis für diejenigen, die noch nie von diesem Namen gehört haben, oder als freundliche Rückversicherung für alle Einheimischen, die ihre Einkaufsstraße schon aus Tradition nur als *Freßgass'* kennen. Eine Geste, die zeigt, wie viel Einfluss der regionale Sprachgebrauch manchmal haben kann – auch, wenn eine Neubenennung der *Kalbächer Gasse* in regelmäßigen Abständen abgelehnt wurde. Doch wer braucht auch schon eine offizielle Umbenennung, wenn doch ohnehin jeder weiß, welcher Straßenzug hier gemeint ist?

Entstanden ist der Name, der damals so aktuell wirkt wie heute, übrigens zur Jahrhundertwende. Schon damals galt das Westend den Frankfurter Bürgern als Wohngegend erster Güte. Die *Kalbächer Gasse* schließlich diente den wohlhabenden Bewohnern als Einkaufsmeile für den täglichen Bedarf. Dass der nur von bester Qualität sein sollte, versteht sich dabei von selbst. Kein Wunder also, dass sich das ein oder andere Feinkostgeschäft heute auf eine Jahrhunderte alte Tradition berufen kann: Manch ein Laden gehört nun einmal zur *Freßgass'* wie das Amen zur Kirche. Neben Feinkost standen dabei selbstverständlich auch schon einmal einfachere Lebensmittel auf dem Einkaufszettel. Metzger, Bäcker und Lokale mit deftiger Hausmannskost prägen und prägten den inoffiziellen Namen der *Kalbächer Gasse* daher mindestens ebenso wie die feinen Adressen der Straße.

Für den heiligen Schein

Galluswarte, Gallusanlage & Im Galluspark

Gallus: Ein Name, der klingt wie ein römischer Mann von Ruhm und Ehre – mindestens ein General, vielleicht aber auch ein Senator oder Poet. Zu jedem der hier genannten Berufe findet sich übrigens mindestens eine historische Persönlichkeit als möglicher Namenspatron. Überhaupt schwingt hier scheinbar notwendig ein Hauch Geschichte mit, klingt *Gallus* doch wie ein Versatzstück aus dem romanischen Sprachraum, aus dem Italienischen oder Französischen vielleicht, oder aus ihren sprachlichen Vorgängern. Auch hier lockt die falsche Fährte: Zwar gibt es zum Beispiel verschiedene Hühnerarten, deren lateinischer Name mit einem *Gallus* daherkommt, die allerdings eher im asiatischen Raum zu Hause sind. Mit dem Frankfurter Gallusviertel aber haben sie nichts zu tun.

Stattdessen verweisen die Namen von Gallusviertel (seit 2007 offiziell übrigens nur noch „Gallus" genannt), *Gallusanlage*, *Galluswarte* und der Straße *Im Galluspark* auf einen deutlich morbideren Hintergrund. Verwandt ist der Name viel eher mit der *Galgenstraße* im Frankfurter Stadtteil Bonames als mit römischen Generälen oder asiatischen Hühnern. Denn auch an dieser Stelle befand sich im Mittelalter ein Galgen, an dem Straftäter hingerichtet wurden. Das sogenannte Galgenfeld wurde dann auch Namenspate für die im 14. Jahrhundert erbaute *Galluswarte*, die wiederum den umliegenden Straßenzügen zu ihrem Namen verhalf. Die sprachliche Abwandlung von *Galgen* zu *Gallus* dürfte dem typischen Frankfurter Dialekt geschuldet sein, wurde im Nachhinein aber noch fantasievoll umgedeutet: Um auch die letzten Erinnerungen an die düstere Namensherkunft zu tilgen, interpretierte man den Namen

Gallus bald als Referenz an den Heiligen St. Gallus um. Der ursprünglich aus Irland stammende Wandermönch missionierte etwa im 6. Jahrhundert nach Christus für den katholischen Glauben. Um den Zusammenhang zwischen *Galluswarte* und dem Heiligen noch weiter zu verstärken, wurde schließlich sogar die 1905 erbaute, katholische Kirche dem irischen Glaubenspatron gewidmet. Eine (schein-) heilige Mission, die man als erfolgreich erfüllt betrachten darf: Heute denkt kaum noch einer an den Zusammenhang zwischen mittelalterlicher Hinrichtung und Gallusviertel.

Damen und Herren ohne Burg

Glauburgstraße und Günthersburgallee

Immer wieder finden sich Straßenzüge, deren Namen Besucher und auch Einheimische auf eine völlig falsche Fährte locken. Ein typisches Beispiel hierfür ist die *Glauburgstraße*, die sich am Rande des Nordends, in unmittelbarer Nachbarschaft zum Stadtteil Bornheim, befindet. Die erste Assoziation kommt in Sekundenschnelle: Irgendwo in diesem Gebiet müssen sie gestanden haben, die imposanten Burganlagen! Doch wer nach Überresten der historischen Bauwerke sucht, der wird schnell enttäuscht. Denn während man schöne Altbaufassaden, Baumalleen und kleine Geschäfte durchstreift, findet man eines garantiert nicht: Zinnen, Türme oder Mauern als Überbleibsel der vermeintlichen Glauburg.

Tatsächlich war es eine wohlhabende Patrizierfamilie, die dem klangvollen Straßenzug zu seinem heutigen Namen verhalf. Nach der Zerstörung ihrer eigenen Wohnresidenz siedelte die Familie Glauburg nach Frankfurt am Main über. Der Familienname selbst verweist dabei übrigens durchaus auf prächtige Besitztümer – genauer gesagt auf die Reichsburg Glauburg, die sich im heute gleichnamigen Stadtteil Büdingens befand. Nach deren Zerstörung und dem darauf folgenden Umzug nach Frankfurt gab sich Burgherrin Gertrud von Düdelsheim in Anlehnung an ihre Herkunft selbst den Namen „Glauburg“. Ähnliches gilt auch für die *Habsburgerallee* im Stadtteil Bornheim: Hier steht das bekannte, österreichische Adelsgeschlecht und nicht eine historische Burganlage Pate für den Straßennamen.

Im heimischen Sprachgebrauch wird die ein oder andere Straßenecke trotzdem gern einmal als „Burg" bezeichnet – wer zum Beispiel dem Ensemble rund um Michi Herl einen Besuch abstattet, der geht „in die Stalburg" (statt ins Stalburg-Theater). Jenes Theater wiederum befindet sich in der *Glauburgstraße*. Und manchmal schließt sich der Kreis auf ganz besondere Weise – zum Beispiel dann, wenn die Damen und Herren von der *Stalburg* (aus der *Glauburgstraße*) in der Günthersburg zu Besuch sind: Genauer gesagt im gleichnamigen Park, beim alljährlichen Open-Air-Theater „Stoffel". Hier lassen's sich Einheimische und Touristen im Sommer bei kostenloser Kleinkunstbühne und kulinarischen Kleinigkeiten gut gehen.

Keine Burgen weit und breit: die Glauburgstraße

Das Parkgelände wiederum befand sich einst ebenfalls im Besitz der wohlhabenden Familie Glauburg, weshalb der Theatersommer zumindest historisch betrachtet ein Heimspiel sein dürfte. Und um die Verwirrung perfekt zu machen: Eine *Günthersburg* gab es an dieser Stelle tatsächlich einmal. Sie galt als Wiederaufbau der 1552 niedergebrannten *Bornburg* und lieh unter anderem der *Günthersburgallee* ihren Namen. Doch auch hier würde man sich vergeblich auf die Suche nach historischen Zeugnissen machen – die Burg wurde im 19. Jahrhundert zwecks Umgestaltung des Parks abgerissen.

Großer Hirschgraben

Wildliebhabern dürfte Frankfurt rund ums 15. bis 16. Jahrhundert wie ein Schlaraffenland vorgekommen sein. Vorausgesetzt, man gehörte zu den höheren Amtsträgern der Stadt – denn nur die hatten das etwas skurril anmutende Privileg, ihren Hirschbraten quasi direkt vor der Haustüre schießen zu können. Ob sie dabei tatsächlich selbst zur Flinte griffen, ist jedoch nicht überliefert. Die Möglichkeit dazu hätten sie aber gehabt, schließlich lebten die Wildtiere bis weit ins 16. Jahrhundert hinein direkt im historischen Stadtgraben. Statt mühselig im Wald auf Jagd zu gehen, hielt man die Paarhufer hier also gleich an Ort und Stelle, wo sie dann zu besonderen Anlässen feierlich angerichtet auf dem Teller landeten. Die Festgemahle des Stadtrats waren legendär und uferten gern einmal in rauschende Feste aus, zu denen neben lukullischen auch erotische Genüsse gehört haben sollen. Übrigens: Bevor an dieser Stelle Hirsche grasten, waren die Stadtgräben wie im Mittelalter üblich mit Wasser gefüllt. Nach der Trockenlegung funktionierte man sie dann zu einer Art Tiergehege um. Seinen heutigen Namen erhielt der Große Hirschgraben jedoch erst, nachdem die Gehege geschlossen, die Gräben aufgeschüttet und zur heutigen Straße umfunktioniert wurden. Nach der Stilllegung des ehemaligen Hirschgrabens wurde die neu entstandene Straße rasch besiedelt. Dabei waren es ursprünglich nicht wohlhabende Bürger, sondern evangelische, häufig verarmte Glaubensflüchtlinge aus den Nie-

derlanden, die hier Quartier bezogen. Schon bald darauf zog es jedoch auch die gutbetuchten Bürger in den Hirschgraben, die hier ihre prächtigen Wohnhäuser bezogen. Auch Johann Wolfgang Goethe, der wohl berühmteste Sohn der Stadt, wurde in dieser Straße geboren.

Noble Taten müssen draußen bleiben

Gutleuthofweg

Das muss man sich einmal vorstellen: Da wird man von seinen Mitmenschen als besonders edler Mensch gewürdigt – muss sein Leben aber trotzdem außerhalb der gesellschaftlichen Mitte, am Rande der Stadt fristen. So geschehen zum Beispiel den Leprakranken im Mittelalter. Streng genommen galten übrigens nicht die Kranken selbst, sondern ihre Gönner und Unterstützer als noble Menschen. Oder zumindest als solche, die dem Herrn einen guten Dienst erweisen konnten. Die bestechende Logik: Indem es Notleidende gibt, haben andere überhaupt erst die Möglichkeit, gute Taten zu begehen und sich somit als nobler Mensch zu erweisen. Eine im Mittelalter weit verbreitete Annahme, die sich unter anderem im Straßennamen *Gutleuthofweg* widerspiegelt. Dass hier allerdings nicht die edlen Wohltäter, sondern vielmehr die Leprakranken selbst zu Hause waren, soll allenfalls als Randnotiz dienen. Indirekt wurden hier also auch die Erkrankten selbst zu *guten Leuten* erklärt. Was ihnen jedoch im konkreten Fall nur wenig Positives einzubringen vermochte: Auf Grund der hohen Ansteckungsgefahr einer damals noch unheilbaren Krankheit wurden sie außerhalb der ursprünglichen Kernstadt angesiedelt – in diesem Fall also im Gutleuthof, der dem heutigen Gutleutviertel mit den umliegenden Straßen und Orten seinen Namen gab.

Dass *Gutleut* dabei keineswegs ein typisch Frankfurter Begriff war, zeigt ein Blick auf andere Städte: Auch im Freiburger Straßennetz beispielsweise findet man eine Gutleutstraße und sogar ein zugehöriges Viertel; in Speyer und Bad Bergzabern ist der Name ebenfalls im Stadtplan verewigt.

Am Sausee
Im Trieb

Romantik am Biotop

Hinter dem Sausee & Am Sausee

Wie lebt sich's eigentlich *hinter dem Sausee*? Wildromantisch, könnte man sagen, allerdings nur temporär: Der Straßenzug liegt geradewegs zwischen Schrebergärten und Wochenendhäuschen. Der namensgebende Sausee befindet sich noch immer in direkter Nachbarschaft – mit der kleinen Ausnahme, dass heute keine Schweine mehr zum Trinken und Suhlen vorbeischauen. Statt Wildschweinen sind hier übrigens gewöhnliche Hausschweine gemeint, die einst von ihren Besitzern zum Tränken an den See geführt wurden und ihm somit zu seinem Namen verhalfen.

Während man Schweine heute direkt im Stall oder auf der Wiese versorgt, macht sich der Sausee heute vor allem als seltenes Biotop einen Namen: Grüngürtel-Besucher finden hier neben ausführlichen Erläuterungen zur Geschichte des Seckbacher Sees außerdem den Hinweis, dass es sich hierbei um ein offizielles Naturdenkmal handelt. Die speziellen Eigenschaften des Sausees machen ihn zu einem einzigartigen Lebensraum für teils seltene Amphibien, Insekten und Pflanzen. Als sogenannten Himmelssee kann man den ehemaligen Seitenarm des Mains nämlich nur in den kälteren Monaten tatsächlich erkennen. Steigen die Temperaturen, dann versickert und verdunstet der kleine See fast vollständig. Mit diesen ein-

zigartigen Bedingungen bietet der Sausee eine perfekte ökologische Nische für Pflanzen wie den Großen Wasserfenchel, aber auch für extrem seltene Tierarten wie die Gefleckte Heidelibelle. Das besondere Artvorkommen ist Experten übrigens schon relativ früh aufgefallen, bereits 1937 wurde der Sausee als Naturdenkmal ausgewiesen.

Trotzdem hinderte dies einige Bewohner anscheinend nicht daran, das Biotop im Miniformat auch anderweitig zu nutzen: Eine Zeichnung des ansässigen Künstlers Erich Dittmann zeigt das Seeufer umringt von Fahrradschrott, Farbdosen und Kisten als umfunktionierte Müllhalde.

Hülya-Platz

Als das kleine, etwas versteckt liegende Plätzchen im Stadtteil Bockenheim 1998 in Hülya-Platz umbenannt wurde, war hiermit ein echtes Novum geschaffen worden. Und das gleich in mehrfacher Hinsicht: So gibt es in ganz Deutschland aktuell nur äußerst wenige Straßennamen, die sich auf Menschen mit türkischer Herkunft oder Abstammung beziehen. Straßen und Plätze mit entsprechenden Namenspaten kann man an einer Hand abzählen – neben Frankfurt findet man passende Beispiele unter anderem in Kiel, Kassel sowie Köln. Zum anderen erfüllt der Name eine weitere Funktion, die in der deutschen Straßenbenennung bis dato keinen Platz gefunden hatte: Zum ersten Mal wurde hiermit einem Opfer neonazistischer Gewalt gedacht. Namenspatin Hülya Genç war 9 Jahre alt, als sie am 29. Mai 1993 beim Brandanschlag von Solingen in den Flammen ums Leben kam. Mit ihr zusammen starben Hatice Genç und der ebenfalls im Haus wohnende 12-jährige Gülüstan Öztürk. Zwei Familienmitglieder starben beim Sprung aus dem Fenster, 17 weitere mussten mit zum Teil lebensgefährlichen Verletzungen ins Krankenhaus, viele leiden noch heute unter den körperlichen und psychischen Folgen. An die Schrecken dieser grausamen Tat erinnert heute auch der Hülya-Platz, stellvertretend durch den Namen des zum Todeszeitpunkt erst 9-jährigen Mädchens.

Heute ist der Platz beliebter und zugleich symbolträchtiger Treffpunkt für Gedenkveranstaltungen, Demonstrationen und Mahnwachen für die Opfer von Neonazismus und Rechtsradikalismus. Vor einigen Jahren kam eine Bürgerinitiative auf die Idee, eine abgewandelte Skulptur ähnlich dem berühmten Hammering Man zwischen Messe und Hauptbahnhof aufzustellen. Die deutlich kleinere Version

des schmiedeeisernen Vorbilds hämmert hier auf ein Hakenkreuz ein, wobei die Bewegung nicht automatisch erfolgt: Passanten können das Denkmal mit Hilfe einer Kurbel zum Leben erwecken und sollen somit zumindest symbolisch ihren Beitrag gegen Neonazismus und Fremdenfeindlichkeit leisten.

Im Trutz Frankfurt

Ob zugezogen oder einheimisch: Wer sich immer schon einmal über den sprichwörtlichen Dickkopf seiner Frankfurter Mitmenschen geärgert hat, der erhält jetzt die historische Begründung zum Klischee. Denn tatsächlich attestieren die Geschichtsbücher den Hessen zumindest eine außerordentliche Hartnäckigkeit…

Einen Hinweis auf die historische Begebenheit, von der hier die Rede sein wird, liefert der Straßenname *Im Trutz Frankfurt.* Sein Ursprung reicht bis ins 16. Jahrhundert zurück, als ein Heer des Schmalkaldischen Bundes das heutige Stadtgebiet zwischen Galluswarte und Friedberger Warte belagerte. Aus dem einst losen Zusammenschluss protestantischer Fürsten formierte sich bald ein festes Bündnis, das seine Herrschaftsansprüche zunehmend auch mit militärischer Macht auszudehnen versuchte. Im Jahr 1552 führten die Wege des Schmalkaldischen Bundes schließlich vor die Tore der Stadt Frankfurt. Auch diese Belagerung fand Einzug in die Straßenbenennung – gemäß dem Heeresführer Moritz von Sachsen wird ihrem damaligen Belagerungsstandort heute als Straße *Im Sachsenlager* gedacht.

Dabei ließen die Kursachsen und Hessen im Schmalkaldischen Bund nichts unversucht, um ihre Dominanz unter

Beweis zu stellen: Ganze drei Wochen sollen sie vor den Toren der Stadt gelagert haben. Das nur scheinbar verlockende Angebot zum freiwilligen Einlass ohne kriegerische Auseinandersetzung schlugen die Bewohner jedoch großzügig aus – manch einer mag geahnt haben, dass die Öffnung der Stadttore keineswegs ein Garant für den Frieden werden sollte. Dem Schmalkaldischen Bund dürfte das kaum gefallen haben, und noch einige Weile versuchten sich die Kursachsen an der Eroberung Frankfurts. Doch die Bewohner zeigten einen langen Atem und verteidigten die Stadtgrenzen über Wochen. Nach dem hartnäckigen Widerstand musste das Heer schließlich ohne den gewünschten Erfolg wieder von dannen ziehen. Ob man das dem hessischen Dickkopf verdanken darf? Der Name *Im Trutz Frankfurt* lässt jedenfalls nicht umsonst an hartnäckige Trotzköpfe denken …

Die Beschaulichkeit trügt: Im Trutz ging es einst hoch her

Katzenpforte

Nein, mit den flauschigen Haustieren hat dieser Straßenname nun wirklich nichts zu tun. Auch, wenn besagte Vierbeiner die Vorstellung eines Stadttores allein ihresgleichen durchaus angemessen finden dürften. Schließlich sagt man ihnen gerne nach, hin und wieder ein wenig stolz, eitel und bisweilen sogar eingebildet zu sein. Doch in diesem Fall steht die *Katze* für ein spezielles Wurfgeschoss, welches einst zur Verteidigung der damaligen Stadtmauern genutzt wurde. Im Angriffsfall konnte die *Katze* – über deren Aussehen, Form und Größe man an dieser Stelle nur spekulieren kann – durch die hier befindliche Pforte abgeschossen werden.

Eine makabre Randnotiz: Tatsächlich finden Katzen als Wurfgeschosse noch heute manchmal den Weg in die Schlagzeilen. In Fußballstadien beispielsweise kommt es hin und wieder vor, dass das Repertoire an skurrilen Geschossen mitunter auch um lebendige Tiere erweitert wird. An Bierbecher und aufblasbare Bälle haben sich Ordnungshüter fast schon gewöhnt, wenn es auf dem Spielfeld zur Sache geht und nicht jeder mit den Entscheidungen des Schiedsrichters einverstanden ist. Hin und wieder werden hier aber auch leibhaftige Katzen durch die Luft geworfen, was insbesondere für die Tiere nicht immer glimpflich ausgeht und selbstverständlich strafrechtlich geahndet wird: Denn auch wenn Katzen bekanntlich neun Leben nachgesagt werden, sollte man allenfalls ihren Namen als Wurfgeschoss missbrauchen.

Rückseite der Katzenpforte

Kegelbahn

Auf den ersten Blick wirkt der Name *Kegelbahn* vor allem originell: Welcher Zeilsheimer Bürger hat hier wohl seinen ganz eigenen Humor in die Vorschlagsliste für die Frankfurter Straßennamen einfließen lassen? Gerade im Kontrast zu den umliegenden Straßen mit klassisch anmutenden Namen wie *Pfaffenwiese* und *Pflugspfad* wirkt die *Kegelbahn* ganz der aktuellen Zeit entsprungen. Oder zumindest den Jahrzehnten der jüngeren Vergangenheit – schließlich hat das Bowling die gute alte Kegelbahn als Freizeiterlebnis heute vielerorts abgelöst.

Doch widmen wir uns noch einmal ganz der *Kegelbahn*, diesem irgendwie aus dem Rahmen fallenden Straßennamen im Frankfurter Stadtteil Zeilsheim. Tatsächlich nämlich handelt es sich hierbei weder um einen Aprilscherz noch um eine Widmung für ein beliebtes Freizeitvergnügen. Stattdessen geht der Name Kegelbahn selbst auf eine Flurbe-

zeichnung zurück – eben genau so, wie auch die umliegenden Straßennamen *Pfaffenwiese* und Co. ursprünglich einen Landschaftsraum benannten. Denn tatsächlich ist das Kegeln keineswegs ein Freizeitsport der letzten Jahrzehnte: Schon vor Jahrhunderten und sogar in der Antike wurde gern gekegelt, am liebsten unter freiem Himmel. Und so wurden kleinere Wege, Wiesen und Plätze kurzerhand zur *Kegelbahn* erklärt. Ähnliche Straßennamen findet man daher auch in zahlreichen anderen Städten.

Ob aber unsere Zeilsheimer Straße einst wirklich eine gute Kegelbahn abgegeben hat? Wer's wissen möchte, dem sei ein kleiner Ausflug zur gleichnamigen Straße empfohlen: Gerade und eben ist die *Kegelbahn* an dieser Stelle jedenfalls nicht …

RESTAURANT SPLIT

Klappern, um zu überleben

Klappergasse & Klapperfeldstraße

Dass der medizinische Fortschritt unter Umständen fähig ist, auch gesellschaftliche Umstände zu revolutionieren, zeigt sich zum Beispiel an diesen Straßenzügen. Denn die Namen *Klapperfeldstraße* (in der Innenstadt) und *Klappergasse* (in Sachsenhausen) sind eng verbunden mit einem äußerst düsteren Kapitel der Frankfurter Stadtgeschichte. Dabei wecken die heutigen Straßennamen zu Recht einige lautmalerische Assoziationen: Unter dem umgangssprachlichen „Klappern" verstand man eine Form des besonders lautstarken Bettelns. Um überhaupt eine Chance auf die milden Gaben ihrer Mitmenschen zu haben, mussten die Betroffenen oft in besonderer Weise auf sich aufmerksam machen – in diesem Falle also durch tösendes Scheppern und Klappern, wozu man zum Beispiel blecherne Gegenstände gegeneinanderschlug. Dabei war das lautstarke Betteln längst nicht im gesamten Stadtgebiet erwünscht: Die *Klapperfeldstraße* verweist auf das ehemalige Klapperfeld, welches einst so etwas wie den offiziellen Ort zum Betteln darstellte. Auf Almosen angewiesen waren dabei in erster Linie kranke Menschen, sogenannte „Aussätzige". Um die Ansteckungsgefahr der Bevölkerung für Erkrankungen wie Lepra auf ein Minimum zu reduzieren, wurden Betroffene in möglichst vollständiger Isolation untergebracht. Gemeinsam mit anderen Leprakranken lebten sie in spe-

ziellen Heimeinrichtungen, von denen sich eine unter anderem in der heutigen *Klappergasse* befunden haben soll. Wenn kein Platz mehr frei war oder die Verpflegung zum Überleben nicht ausreichte, dann musste auch hier gebettelt werden – ebenfalls lautstark, ebenfalls an einem hierfür vorgesehenen Platz, in diesem Fall dem sogenannten Bettelbrunnen. Auch hierbei gab es strenge Sicherheitsvorkehrungen zu beachten: Persönlicher Kontakt zu den Almosengebern war streng verboten, spezielle Masken sollten die Leprakranken von der gesunden Bevölkerung abschirmen. Die für viele Betroffenen alltägliche Tätigkeit des Klapperns wurde somit bald zum Synonym für eine ganze Bevölkerungsgruppe, mit der man nicht nur räumlich, sondern auch sprachlich auf möglichst große Distanz gehen wollte.

Lange Meile

Nein, als *Lange Meile* kann man diese kleine Straße nun wirklich nicht bezeichnen. Nicht einmal 500 Meter Luftlinie misst das winkelige Stück zwischen Brunnenstraße und Kalbacher Hauptstraße, das noch dazu ziemlich beschaulich daherkommt. Kaum zu glauben also, dass hier angeblich einst die Römer entlangmarschierten. Und streng genommen taten sie das auch gar nicht – zumindest nicht hauptsächlich. Denn die *Lange Meile*, die den damals so wichtigen Mainübergang, die Saalburg und die historische Römerstadt Nida miteinander verband, führte gar nicht durchs heutige Kalbach. Tatsächlich soll an dieser Stelle aber ein wichtiger Nebenweg existiert haben, der den heutigen Straßennamen erklären könnte. Wieso aber wurde ausgerechnet dieser kleine Straßenzug nach der ehemaligen Römerstraße benannt und nicht, sagen wir einmal, die heutige Homburger Landstraße?

Lange Meile, quo vadis?

Schließlich soll diese in vielen Teilen nahezu identisch sein mit der historischen Römermeile. Eine genaue Antwort können wir an dieser Stelle leider nicht liefern. Fest steht aber, dass zumindest die historische *Lange Meile* ihren Namen in jedem Fall mehr als verdient hat. Denn neben den Laufwegen rund um Frankfurt und in Richtung Taunus führte die historische Marschroute etliche Kilometer weiter durchs Umland. Nach Bad Homburg, beispielsweise. Wo ebenfalls ein Straßenzug nach ihr benannt wurde – in diesem Falle handelt es sich übrigens tatsächlich um die „Nachfolgerin" der historischen Römerroute.

Historisch er Name, aktueller Bezug

Lange Schirn

Zugegeben, den hier vorgestellten Straßennamen sucht man auf dem aktuellen Stadtplan vergebens. Denn die *Lange Schirn* gibt es so heute nicht mehr. Für ihren Namen machen wir aber gern eine Ausnahme – schließlich ist er noch heute weit über die Grenzen dieser Stadt hinaus bekannt: Verewigt in der Kunsthalle Schirn, die mit ihren Ausstellungen als eine der renommiertesten Institutionen für Zeitgenössische Kunst in Europa gilt.

Dabei hat die ursprüngliche Schirn, die der kleinen Gasse einst ihren Namen lieh, so gar nichts mit dem beeindruckenden Museumsbau von heute zu tun. Als Schirn oder

andernorts Scharn bezeichnete man kleine Holzbuden, die im mittelalterlichen Gassengewirr zum Verkauf kleiner Köstlichkeiten benutzt wurden. An den vegetarischen Gaumen hatte man damals jedoch noch lange nicht gedacht – ganz im Gegenteil: So war die Lange Schirn insbesondere als Metzgersgasse bekannt, in der in erster Linie Wurst- und Fleischerwaren zum Verkauf standen. Und weil sich hier zu guten Zeiten ein hölzerner Verkaufsstand an den anderen reihte, wurde aus der einen Schirn gleich die *Lange Schirn* – ein kleiner Marktplatz in Gassenform sozusagen.

Mit der Neueröffnung der Kunsthalle Schirn im Jahr 1986 in zentraler Altstadtlage wurde dieser historische Name wieder aufgegriffen. Rein äußerlich präsentierte sich das Museum jedoch in völligem Kontrast zur mittelalterlichen Verkaufsgasse – mit moderner Architektur, die geometrische Elemente und die heute berühmte Sandsteinfassade miteinander vereint. Dabei waren übrigens längst nicht alle einverstanden mit dem damaligen Neubau: Grundriss und Proportionen halten sich nicht an historische Konventionen, und die außergewöhnliche Architektur der Kunsthalle lieferte politischen Zündstoff für so manche hitzige Debatten und Diskussionen.

Heute hingegen haben sich auch spektische Stimmen so an ihre Kunsthalle Schirn gewöhnt, dass der zugehörige Name heute von vielen Frankfurtern kaum noch mit alten Metzgersgassen, sondern viel eher mit moderner Kunst in Zusammenhang gebracht wird.

Nur der Einen gewidmet

Liebfrauenberg

Das Mittelalter muss schon eine schöne Zeit gewesen sein, zumindest für die Damen der Schöpfung: Überall huldigte man den „lieben Frauen“, schuf Plätze, Orte und Kapellen, die man den „Liebfrauen“ widmete. Kein Wunder also, dass sich auch die Frankfurter Altstadt mit einem *Liebfrauenberg* nebst einer namentlich passenden Liebfrauenstraße schmücken darf.

Nicht ganz zufällig aber befinden sich in nächster Nähe auch noch einige andere Indizien, die der Bedeutung dieses Straßennamens eine völlig andere Richtung geben könnten: So zum Beispiel die Liebfrauenkirche, die 1308 erbaut wurde und bis heute Sitz der ansässigen, katholischen Gemeinde ist. Der geneigte Leser ahnt bereits, dass das Attribut *lieb* in diesem Zusammenhang vielleicht gar nicht unbedingt auch jeder *beliebigen* Frau zugedacht wurde – und richtig: Was hier als allgemeingültiger Plural daherkommt, ist in Wahrheit nichts anderes als eine altertümliche Schreibweise der katholischen Marienverehrung. Mit der „lieben Frauen“ meinte man die Muttergottes, die Maria, welche zur Blüte des Katholizismus zahlreichen Kapellen und Gotteshäusern zu ihrem Namen verhalf. Auch Spitale und andere Einrichtungen mit kirchlichem Träger wurden der Gottesmutter Maria gewidmet. Umso erstaunlicher also, dass der *Liebfrauenberg* mit gleichnamiger Kirche und angrenzender Straße gesellschaftlichen Umwälzungen und nicht zuletzt auch der Reformation trotzen konnte und seinen Jahrhunderte alten Namen bis heute beibehalten hat.

Der Geometrie geschuldet

Mainkurstraße

Schnöde Geometrie statt lebhafter Urlaubsfreuden: Unter diesem Motto steht eine Erkundung des Straßennamens *Mainkurstraße*. Selbige befindet sich im Herzen Bornheims, umgeben von Cafés und Restaurants, Bäckereien, Imbissbuden und Apotheken. Dem Ortsunkundigen mag der malerische Name wie eine Erinnerung an mondäne Badeort-Zeiten gelten – eine Assoziation, die angesichts umliegender Kurorte wie Bad Homburg oder Bad Soden gar nicht einmal so fern liegt. Trotzdem hat der Name *Mainkur* rein gar nichts mit dem Bädertourismus zu Anfang des vergangenen Jahrhunderts zu tun: Er ist allein der Geometrie geschuldet.

Wie das? Die Erklärung ist eigentlich ganz einfach: Das Kürzel „Kur“ geht vermutlich auf die ausgeschriebene Kurve zurück – und bedeutet in Kombination mit dem vorgestellten Main nichts weiter als eine Flusskrümmung. Passend, dass auch das lateinische Wort für Krümmung *curva* heißt – ob hier Henne oder Ei zuerst waren, darüber lässt sich also streiten. Zugegeben: Auf den ersten Blick ist die Sache mit der (Main-) Kurve nicht unbedingt ersichtlich, schließlich liegt das Flussufer von hier aus einige Kilometer Luftlinie entfernt.

Gemeint sein könnte hiermit aber jene gleichnamige Mainkurve, die sich im weiter südöstlich gelegenen Stadtteil Fechenheim befindet und die hier auf ihrem Weg von Offenbach nach Rumpenheim einen ordentlichen Schlenker einlegt. Eine Vermutung, die sich bei einem Ausflug an und über die Stadtgrenze hinaus schnell bestätigt: Neben gleichnamigen Restaurants, Campingplätzen und Sportboothafen liegen hier zum Beispiel der Bahnhof Mainkur, den man auf der Strecke von Frankfurt nach Hanau durchfahren kann, und die gleichnamige

Bahnhof Mainkur

Straße *An der Mainkur.* Wie die Mainkurve aber schließlich aus Fechenheim geradewegs nach Bornheim importiert wurde und ob die Straße mit ihrer leichten Krümmung vielleicht ebenfalls an besagten Flussverlauf erinnert, darüber kann man hier nur spekulieren …

Nach dem Brand

Nach dem Brand & Brand

Menschen sind bekanntlich verschieden und die Art, wie sie mit Schicksalsschlägen umgehen, ebenso. An manchen Orten erinnern Denkmale an furchtbare Katastrophen, an anderen Orten deuten Straßennamen auf tragische Ereignisse hin. Einen überraschend pragmatischen Umgang mit dem Lauf der Dinge lassen diese Straßennamen vermuten: Schlicht *Brand* und *Nach dem Brand* heißen die beiden Straßenzüge, welche sich im historischen Kern von Frankfurt-Höchst befinden. Stadtbrände waren noch vor einigen Jahrhunderten keine Seltenheit – meist wurde aus Holz und Stroh gebaut, und an Feuer hemmende Eigenschaften war bei den auch in Südhessen äußerst beliebten Fachwerkhäusern sowieso kaum zu denken. Blitzableiter gab es ebenfalls nicht, weshalb manchmal schon ein kräftiges Unwetter den Dachstuhl zum Lodern bringen konnte. Die dichte Bebauung trug ihrerseits dazu bei, dass aus einem kleinen Feuer schnell ein Flächenbrand werden konnte. Ein Schicksal, dass auch Höchst ereilte: Nach rund 200 Jahren Pause mit allenfalls kleineren Bränden wurde die Stadt 1778 schließlich von einem zweiten, großen Brand heimgesucht. Rund 25 Häuser und zahlreiche kleinere Gebäude sollen dem Feuer zum Opfer gefallen sein. Vom ursprünglichen Straßenbild ist heute nur noch sehr wenig vorhanden – und mit den schlicht *Brand* bzw. *Nach dem Brand* betitelten Namen wurde diese Zäsur

noch einmal zusätzlich betont: Tabula rasa, alles neu. Mit einigen wenigen Ausnahmen übrigens: Ein historisches Wohnhaus aus dem 17. Jahrhundert hat dem Brand nicht nur standgehalten, es wurde inzwischen auch in die Liste der Kulturdenkmäler von Frankfurt-Höchst aufgenommen. Und wie zum Trotz prangt heute das Straßenschild *Nach dem Brand* am historischen, blau getünchten Gebäude mit der Hausnummer 2.

Neuer Börneplatz

Der *Neue Börneplatz* präsentiert sich wie ein anschaulich gewordenes Stück Geschichte. Ein Blick auf die schier endlos wirkenden Straßenschilder vermittelt einen Eindruck von der bewegten Vergangenheit dieses einst so zentralen Platzes für die jüdische Gemeinschaft in Frankfurt am Main. Dabei belegen die einzelnen Namen nicht zuletzt den Wandel des Viertels rund um den heutigen *Neuen Börneplatz* vom jüdischen Ghetto, das sich außerhalb des historischen Stadtkerns jenseits der Staufenmauer befand, hin zu einem selbstbewussten Bestandteil innerhalb der hiesigen Stadtgemeinschaft: Bis weit ins 19. Jahrhundert hinein war dieser Ort als sogenannter Judenmarkt verzeichnet. Dieser wurde in erster Linie von den Bewohnern des Viertels rund um die Judengasse frequentiert, die dem Platz schließlich zu seinem Namen verhalfen.

Im Jahr 1885 schließlich beschloss der Frankfurter Magistrat eine Umbenennung: Neben der Judengasse, die heute als Börnestraße bekannt ist, wurde der Judenmarkt offiziell zum *Börneplatz.* Mit dieser Umbenennung ehrte man den Frankfurter Bürger Ludwig Börne, der hier 1786 als Juda Löb Baruch geboren wurde. Der Sohn aus angesehenem Hause schlug jedoch bald einen anderen Weg als sein Vater, einem wichtigen Repräsentanten der israelitischen Gemeinde, ein: Im Alter von 32 Jahren konvertierte der studierte Staatswissenschaftler, Bürgerrechtler und Redak-

teur zum protestantischen Christentum. Neben religiösen dürften hierbei auch ganz pragmatische Gründe eine Rolle gespielt haben: Denn trotz der bereits deutlich verbesserten Lebensumstände war die Teilhabe an der Gesellschaft für Juden nach wie vor durch zahlreiche Einschränkungen und Hindernisse geprägt. Mit der Ablegung seines Glaubens hoffte Ludwig Börne, von einer gewissermaßen neutralen Position heraus auch die Befreiung jüdischer Mitbürger vorantreiben zu können – eine Hoffnung, die sich leider bald als utopisch herausstellen sollte.

Von Seiten des Frankfurter Magistrats aber wurde Ludwig Börne rund 48 Jahre nach seinem Tod in Paris für sein freiheitliches Engagement mit besagter Umbenennung nebst einem zugehörigen Denkmal gewürdigt. Nur 50 Jahre später jedoch sollte der Börneplatz eine nochmalige Zäsur von besonders verheerendem Ausmaß erleben: Das nationalsozialistische Regime befand, dass Ludwig Börne trotz Ablegung seines Glaubens ein Jude und somit ein potenzieller Feind des deutschen Volkes sei. Noch 1935 wurde der Platz zusammen mit etlichen anderen Straßen in Frankfurt und anderen deutschen Städten umbenannt. Ein benachbartes Kloster stand schließlich Pate für den Namen *Dominikanerplatz*. Zwei Jahre nach der Umbenennung wurde auch das bereits zuvor stark beschädigte Ludwig-Börne-Denkmal entfernt, während der Novemberpogrome 1938 wurde die ansässige Synagoge vollkommen zerstört. Erst 50 Jahre später, im Jahr 1978, erhielt der Börneplatz seinen ursprünglichen Namen zurück. 1996 schließlich wird das Areal jetzt als *Neuer Börneplatz* offiziell zur Gedenkstätte erklärt. Ein Name, der ganz bewusst

auf die geschichtliche Zäsur hinweisen soll, die mit diesem Platz in Frankfurt am Main verbunden ist. Im Gegensatz zum historischen Börneplatz jedoch ist das neu gestaltete Areal deutlich weniger an das öffentliche Leben angeschlossen und kann nur zu Fuß erkundet werden.

Nonnenpfad

Endlich ein Straßenname ohne Netz und doppelten Boden: Der Nonnenpfad war einst genau das, was sein Name heute nahelegt. Denn tatsächlich befand sich an dieser Stelle einst der Zuweg zu einem kleinen Kloster, das in Oberrad auch als Klause bekannt war. Neben einer Behausung für alleinstehende Frauen und vermögende Witwen fand man an dieser Stelle außerdem eine kleine Kapelle, die von der einheimischen Bevölkerung regelmäßig zu Prozessionen besucht wurde.

Gleichzeitig aber weist der Straßennamen weit über seine eigentliche Bedeutung als Pfad zum Nonnenheim hinaus:

Als einer der wenigen Namen im Frankfurter Straßennetz erinnert er ganz eindeutig an die vielerorts katholische Vergangenheit der Stadt, in diesem Falle des später eingemeindeten Oberrads. Erst 1530 kam die Reformation in den heutigen Frankfurter Stadtteil, der seit seiner Gründung bereits zahlreiche Namenswechsel durchgemacht hat.

Zu Beginn des 14. Jahrhunderts beispielsweise nannte man Oberrad noch schlicht *Rode*. Dieser Name findet sich auch in adeligen Namen wieder: So war es die Stifterin Mechthild von Rode, die dem Nonnenpfad mit der von ihr gegründeten Klause zu seinem heutigen Namen verhalf. Die Stifterin selbst galt als sogenannte Begine, also als alleinstehende, tief gläubige und in diesem Fall zudem äußerst wohlhabende Frau. Auch an sie wird im Oberräder Straßennetz noch heute gedacht – wenn auch ohne explizite Namensnennung: Quer zum Nonnenpfad liegt die Straße *In der Beginenklause*, welche einst Standort der selbigen gewesen sein dürfte. Übrigens ist die Bezeichnung *Nonne* hier streng genommen gar nicht richtig: Die Beginenklause war zwar christlich geprägt, gehörte jedoch keinem bestimmten Orden an. Neben religiösen Motiven dürfte viele alleinstehende Frauen daher auch die Möglichkeit einer geschützten Wohnumgebung zum Umzug in die Klause bewegt haben.

Quäkerplatz

Mit knapp 700.000 Einwohnern zählt Frankfurt eher zu den kleineren deutschen Großstädten. Und trotzdem – oder vielleicht gerade deshalb – legt man hier viel Wert auf ein kosmopolites Image, das mit erstklassigen Kunst- und Kulturangeboten, modernen Prestigebauten und internationaler Bevölkerungsstruktur auch hervorragend gepflegt wird. Dass Frankfurt auch in früheren Zeiten von kultureller Vielfalt profitiert hat, belegt beispielsweise der *Quäkerplatz*.

Nach Beendigung des Ersten Weltkriegs litt die heimische Bevölkerung unter starker Armut und Hungersnot. Ganze elf Fliegerangriffe legten weite Teile des Stadtgebiets in Schutt und Asche, viele Menschen waren nahezu abgeschnitten von Lebensmitteln und Brennstoffen zum Heizen der eigenen Behausung. Zu diesem Zeitpunkt kommt die uneigennützige Hilfe von außen wie gerufen: So waren es nicht zuletzt die US-amerikanischen Quäker, die etliche Bürger der Stadt zum Beispiel mit Nahrung unterstützten. Hinter diesem Namen verbirgt sich eine christliche Religionsgemeinschaft, die ursprünglich in Großbritannien gegründet wurde und bald auf Grund religiöser Verfolgung in die Vereinigten Staaten von Amerika flüchten musste. Von hier aus brachen einige auf, um der notleidenden Bevölkerung in Frankfurt zur Seite zu stehen. Als Anerkennung dieser besonderen Unterstützung benannte die Stadt schließlich einen eigenen Platz nach den US-amerikanischen Helfern. Ein Platz, der sich im zugehörigen Gallusbezirk übrigens großer Beliebtheit erfreut – als Spielplatz für Kinder und Familien, aber auch als berühmt-berüchtigter Treffpunkt für die Jugend des Viertels.

Roßmarkt
19-5
Hölderlin

Viehhandel bei gutem Wetter

Roßmarkt

Der *Roßmarkt* ist einer jener Orte, die man auf den ersten Blick als historischen, gewissermaßen Ur-Frankfurter-Kern der Innenstadt vermutet. Doch weit gefehlt: Tatsächlich befand sich dieser Platz lange Zeit außerhalb der ursprünglichen Stadtmauern, von denen heute nur noch ein Überrest in der sogenannten Staufenmauer vorhanden ist. Die durch Kaiser Ludwig der Bayer genehmigte Stadterweiterung brachte zahlreiche Umstrukturierungen mit sich, die das Stadtbild noch heute prägen. Neben Straßenzügen wie der *Zeil* und der *Eisernen Hand* war hiervon auch der *Roßmarkt* betroffen. Sein Name verrät, was sich an dieser Stelle über Jahrhunderte abspielte: Auf dem über lange Zeit unbefestigten Gelände wurden Pferde gehandelt. Und das in großem Stil: So sollen es zur Blütezeit des Roßmarkts gleich Tausende Tiere gewesen sein, die hier Jahr für Jahr den Besitzer wechselten. Damit die Pferdehändler ein gutes Geschäft machen konnten, musste ihnen jedoch auch der Wettergott hold sein. Wie zu dieser Zeit üblich in Frankfurt, so war auch der *Roßmarkt* durch den typisch sumpfigen, morastigen Untergrund gekennzeichnet. Bei starken Regenfällen versank man hier regelrecht im Schlamm – was hochherrschaftliche Kaufinteressenten wohl durchaus abgeschreckt haben dürfte. Als besonders guter Kunde galt dabei übrigens der Postmeister von Thurn und Taxis, der dem Hause unter anderem im Ankauf von Pferden behilflich war.

An dieser Stelle schließt sich der Kreis: Wo die Fürstenfamilie einst ihre Reitpferde erwarb, da befindet sich nur wenige Hundert Meter weiter das heutige Thurn und Taxis Palais. Der moderne Prunkbau wiederum geht auf den gleichnamigen Palast zurück, der im 18. Jahrhundert an dieser Stelle erbaut wurde und der vermutlich auch das ein oder andere Reitpferd vom Einkauf auf dem benachbarten *Roßmarkt* beherbergt haben dürfte.

Dünen aus Rhein und Main

Sandweg

Verkehrte Welt: Wo einst große Massen an Sand vorhanden waren, da wird ebenjener heute von weither importiert und gleich Tonnenweise zu den Beachclubs dieser Stadt gekarrt. Doch noch einmal von vorn:

Man muss kein Geologe sein, um zu verstehen, dass Frankfurt im wahrsten Sinne des Wortes auf Sand gebaut ist. Einen wichtigen Hinweis hierzu liefert der Straßenname *Sandweg*, der allein genommen auf den ersten Blick kaum spektakulär erscheint. Nimmt man ihn aber für bare Münze, so darf man (insbesondere als Nichtgeologe!) durchaus ins Staunen geraten: Schließlich sollen es einst tatsächlich imposante Sanddünen gewesen sein, die der Straße ihren Namen gaben. Und weil am heutigen Sandweg mit seinen fein geteerten Straßen, den festen Bürgersteigen und größtenteils geschlossenen Häuserzeilen nichts, aber auch wirklich gar nichts mehr an diese historische Landschaft erinnert, möchten wir auch diesem Straßennamen hier ein ganz eigenes Kapitel widmen.

Doch wie kam der Sand, den andere nur von Nord- und Ostsee kennen, nun eigentlich nach Frankfurt? Die Antwort liegt sprichwörtlich in Rhein und Main begraben: Im Laufe der Jahrtausende haben beide Flüsse Unmengen an Sand an ihren Ufern abgelagert. Je nach Zeitabschnitt und Gesteinsschicht findet man hier ganz unterschiedliche

Qualitäten – neben feinem Sand, wie man ihn vom Sommerurlaub kennt, sind hier in erster Linie grobe, mit Kies oder Ton durchsetzte Schichten beheimatet. Ein Blick auf die Karte zeigt, dass sich das heutige Stadtgebiet jedoch in deutlicher Entfernung zur damaligen Flusskurve befindet:

Ein Großteil der Ablagerungen liegt heute im Gebiet südöstlich von Kelsterbach, in der sogenannten westlichen Untermain-Ebene.

Hier sollen imposante Massen von bis zu 40 Meter tiefen Sandschichten begraben sein. Vermutlich war demnach also längst nicht das gesamte Frankfurter Stadtgebiet von sandigen Dünen durchzogen, sondern – der Name verrät es bereits – im Besonderen das Gebiet rund um den heutigen Sandweg. Zumindest aber war dieser schon weit vor seinem aktuellen Straßennamen als Gewannflur *Im Sand* bekannt. Dass das namengebende Gestein heute zumindest mit bloßem Auge kaum noch an Ort und Stelle zu erkennen ist, hat übrigens ganz praktische Gründe. Denn im Zuge der Bebauung erwies sich der Sand als äußerst willkommenes Material, wodurch die einst imposanten Dünen nach und nach abgetragen wurden. Weshalb man ihn heute nur noch gut eingebaut im Gestein der schönen Altbauhäuser finden dürfte.

Übrigens: Einige Frankfurter scheinen sich den Sand regelrecht in die Stadt zurückzuwünschen. In den Sommermonaten zieht es etliche Besucher in die Beachclubs, wo man es sich am Mainufer oder gar auf dem Parkhaus an der Börse bei kühlen Cocktails gut gehen lässt. Das perfekte Setting für die Erfrischung in der tropisch-schwülen Sommerhitze Frankfurts: Liegestühle und eine gute Portion echter Sand – der heute allerdings importiert werden muss.

Seedamm & Seegewann

Manchmal wollen Straßennamen auf den ersten Blick so gar nicht zu ihrer Umgebung passen. Denn wo würde man beispielsweise einen *Seedamm* vermuten? Richtig, überall dort, wo Wasser in rauen Mengen vorhanden ist – beispielsweise am Bodensee und Zürichsee, vielleicht auch am Müggelsee, sicherlich aber an der Ostsee oder an den Kurpromenaden der Nordseebäder (und ja, mit ziemlich hoher Wahrscheinlichkeit findet sich an dem ein oder anderen genannten Ort tatsächlich ein solcher Straßenname). Das Rödelheimer Gewerbegebiet mit seinen Bürogebäuden und den langen Ausfallstraßen hingegen will so recht keine Seebadatmosphäre verströmen. Dabei hätte an dieser Stelle, ähnlich wie im Stadtteil Sossenheim, die Geschichte ruhig einmal gnädig sein können: Ambitionen für einen Stausee gab es immerhin seit Jahrhunderten. Schon die Römer sollen hier viel Zeit und Arbeit investiert haben, um den heute mehr als

beschaulichen Westerbach zu einem echten See anzustauen. In der Tat hatte man hiermit eher praktische Zwecke verfolgt – an Tourismus war zur damaligen Zeit noch nicht zu denken. Trotzdem hätte sich der kleine Bach, der in Kronberg entspringt und in Rödelheim in die Nidda mündet, mit ein wenig Glück und Geschick heute in völlig neuer Größe präsentieren können. Doch die Geschichtsschreibung wollte es anders: Bereits Anfang des 19. Jahrhunderts wurde der für damalige Verhältnisse beachtliche Staudamm wieder abgebaut. Offensichtlich konnte der knapp einen Kilometer lange und ganze zehn Meter hohe Damm schließlich nicht die Erwartungen erfüllen, die an ihn gestellt wurden. Weshalb man heute eben nicht nur in St. Peter Ording und am Zürichsee, sondern auch im Rödelheimer Gewerbegebiet einen *Seedamm* findet. Übrigens: Das *Seegewann* für den gleichnamigen Flurnamen ist hier direkt im benachbarten Straßenzug verewigt.

LiV'iN

Warum Frankfurter den Kürzeren zogen

Seilerbahn & Seilerstraße

Wer wissen möchte, wieso Frankfurter einst den Kürzeren zogen, der sollte einen gedanklichen Ausflug auf die Reeperbahn unternehmen. Hier, im Hamburger Norden, hatte man einst die Vorherrschaft auf ein ganz bestimmtes und damals äußerst begehrtes Gut. Und damit ist keineswegs das horizontale Gewerbe gemeint – denn das hielt an dieser Stelle erst sehr viel später Einzug in die Hansestadt. Aufschluss gibt wie so oft auch hier der Straßenname: Als Reep wird in der Seefahrt ein dickes Tau bezeichnet, das für die Arbeit auf dem Meer noch heute unersetzlich ist. Experten für die Herstellung dieser dicken Seile kennt man im Norddeutschen als Reepschläger, ihr Arbeitsplatz wird auch als Reeperbahn bezeichnet. Und weil die Seefahrt im Norden beheimatet ist, nahmen Reeperbahnen hier traditionell einen besonders hohen Stellenwert ein: Nicht umsonst gibt es neben der berühmten Meile

in Hamburg-St. Pauli auch im Umland zahlreiche Straßenzüge mit ähnlichem Namen.

Doch was hat die Hamburger Reeperbahn nun mit der Frankfurter *Seilerbahn* zu tun? Ganz einfach: Für die Herstellung dicker Reepe mussten etliche kleinere Seile zusammengebracht werden. Das erforderte neben handwerklichem Geschick auch eine ganze Menge Platz. Rund 300 bis 400 Meter sollten echte Reeperbahnen mindestens messen, um die Tauglichkeit zur Herstellung der schweren Schiffstaue zu erfüllen. Und weil der Norden einen unübersehbaren Standortvorteil bot, besann man sich in Frankfurt eben auf die Herstellung kleinerer Produkte: Seile konnten auch in kürzeren Straßen hervorragend hergestellt werden. Zwar boten sie nicht dieselbe Qualität wie die schweren Reepe aus dem Norden, dafür konnten sie aber schon auf einer Arbeitsfläche von rund 50 Metern Länge gefertigt werden. Neben Hanf kam dabei häufig auch Flachs zum Einsatz, der auf langen Bahnen immer wieder eingedreht und mit weiteren Fertigungsteilen verwoben wurde. Die passende Umgebung für ihre Tätigkeit fanden die Seilschläger hierfür in den heutigen Straßen *Seilerbahn* und *Seilerstraße*.

Speckweg & Speckgasse

Woran erkennt der Sprachwissenschaftler, dass man noch vor einigen Jahrhunderten kaum trockenen Fußes durch Oberrad laufen konnte? Ganz einfach: Er schaut sich ein wenig im Stadtplan um und prüft, ob er hier irgendwelche Hinweise auf historische Feld- und Flurnamen findet. Schließlich machen diese einen nicht unerheblichen Anteil der noch heute gültigen Straßennamen aus. Doch nicht immer sind diese Namen auch tatsächlich in ihrer ursprünglichen Form vorhanden. Ganz im Gegenteil, oftmals bedarf es

Früher Sumpfgebiet, heute Ackerbau: Blick von der Speckgasse auf Mainufer und Skyline

einer großen Portion Fantasie, um aus dem heutigen Straßennamen einen historischen Begriff mit völlig anderer Bedeutung herauszuschälen. So auch in Oberrad, wo sich mit *Speckgasse*, *Speckweg* und *Speckgäßchen* gleich drei Straßen mit ähnlichem Namen finden. Dabei durfte sich schon manch ein Spaziergänger gewundert haben, warum wohl ausgerechnet dieses Viertel prädestiniert sei für eine kulinarische Widmung. Schließlich ist es auch noch ausgerechnet die *Kochstraße*, die hier geradewegs von der *Speckgasse* abzweigt. Was in diesem Fall vermutlich reiner Zufall sein dürfte, denn mit dem namensgebenden Speck haben diese Straßen eigentlich gar nichts zu tun: Ihren Ursprung haben *Speckstraße & Speckweg* in altdeutschen Vokabeln wie specke oder spacha. Beide deuten auf einen Knüppeldamm hin, der aus zahlreichen einzelnen Holzbohlen bestehend den Weg durch einen sumpfigen Untergrund ebnete. Und tatsächlich war Oberrad wie viele andere Bezirke des heutigen Stadtgebiets einst von Moor und Morast gezeichnet, was einen Durchgang ohne entsprechende Hilfsmittel nahezu unmöglich machte. Was unser Sprachwissenschaftler vom Anfang des Kapitels mit einiger Wahrscheinlichkeit ganz ohne Ortsbegehung und allein mit einem Blick in den Stadtplan erkennen kann …

Einbahnstraße
Speckgasse
Kochstraße
40-34

2–6
Wed
1–13

Wed

Ein Straßenname, der selbst bei eingeborenen Frankfurtern zunächst Fragen aufwirft, befindet sich im historischen Stadtkern von Höchst. Hier heißt es nicht etwa *Im Wed* oder *Auf dem Wed*, sondern schlicht: *Wed*. Drei Buchstaben, bei denen also sowohl Artikel als auch Bedeutung zunächst ein Geheimnis bleiben. Von der Aussprache übrigens ganz zu schweigen – sagt man nun „Wet", „Wehd" oder „Weeeed" ...?

Des Rätsels Lösung beginnt mit einem kleinen Ausflug in den lokalen Sprachgebrauch: Stellen Sie sich einfach vor, wie ein Höchster Hesse ein ganz bestimmtes, englisches Wort aussprechen würde. Richtig, die Rede ist hier von *wet!* Das englische Wort steht Pate für den historischen Gassennamen. Doch wo kam das Wasser her, wenn Bäche und Seen sich nun nicht gerade in unmittelbarer Nähe befinden? Auch diese Frage lässt sich schnell beantworten. Denn mit dem Begriff *Wed* meinte man einst nichts anderes als ein Wasserbecken zur Reinigung der ansässigen Pferde, welches sich eben genau an dieser Stelle befunden haben soll. Der Name für das Wasserbecken wurde dabei tatsächlich dem englischen Wort für „nass" entlehnt. Und noch eine bemerkenswerte Randnotiz: Ganz nebenbei ist dieser Straßenname mit nur drei Buchstaben auch noch der kürzeste im gesamten Frankfurter Stadtgebiet.

Wolfsgangstraße

Zugegeben: Die eigentlich wörtliche Bedeutung dieses Straßennamens ist nicht besonders spektakulär. Sie kann aber dann zum eigenen Kapitel werden, wenn man sich mit Leuten im Stadtgebiet bewegt, die wahlweise einen lieben Verwandten, Freund, Kollegen oder Partner haben, der einen ganz bestimmten, typisch deutschen Vornamen trägt. Oder vielleicht gar selbst so heißen: Richtig, gemeint ist hier der Name *Wolfgang*.

Doch noch einmal ganz von vorn: Wer sich gern auf dem Rad oder zu Fuß bewegt, im Westend wohnt oder Freunden die besonders schönen Seiten der Stadt zeigen möchte, der wird früher oder später vielleicht auch einmal die *Wolfsgangstraße* kreuzen. Als guter Gastgeber erklärt man dann gern schon vorab, wohin der Weg führen wird und welche Straßen auf der Route liegen. Vielleicht bleibt besagter Name aber auch gänzlich unausgesprochen, und der imaginäre Gast schnappt das Straßenschild einfach im Vorbeifahren (oder wahlweise -laufen) auf. Dann rumort es lediglich im Kopf: Wolfsgangstraße, Wolfsgangstraße – kann doch gar nicht sein? „Du meinst wohl *Wolfgangstraße?*“, klingt es dann bald empört von grammatikalisch bewanderten Gästen. Womit sie unter anderen Umständen sogar recht haben könnten: Denn die Frankfurter (und nicht nur die!) Straßennamen sind nicht unbedingt berühmt für ihre einwandfreie Grammatik. Sofern es zum Beispiel um Historisches geht, werden entsprechende

Regeln gern einmal über Bord geworfen – oder auch dann nicht korrigiert, wenn neue Regeln eindeutig zur Verbesserung mahnen. Nur ein Beispiel von vielen ist hier das *Abtsgäßchen* in Sachsenhausen, welches nach der Rechtschreibreform von 1996 eigentlich Abtsgässchen heißen müsste. Der Spagat zwischen historischem Bezug und grammatikalischem Anspruch ist auch für Experten und Straßenbenenner nicht immer einfach zu bewältigen. Und trotzdem wurde im Falle der *Wolfsgangstraße* alles richtig gemacht. Schließlich stand hier, wie an einigen anderen Orten der Stadt, ein bekanntes Wildtier Pate, das in diesem Gebiet einst sehr gefürchtet war. In der Straße, wo heute ein Auto am nächsten parkt, sollen im 15. Jahrhundert gleich mehrere Wölfe eingefallen sein. Ob die grauen Rudeltiere dabei wirklich die heutige *Wolfsgangstraße* für ihren Streifzug nutzten oder sich in der gesamten Umgebung aufhielten, ist nicht überliefert.

Woogstraße

Wer wissen möchte, was es mit dem merkwürdig buchstabierten Namenspaten für diese Straße auf sich hat, den könnte ein kleiner Spaziergang auf die richtige Fährte locken. Dabei funktioniert die *Woogstraße* als Verbindungsstück zwischen Alt-Ginnheim

und dem Ginnheimer Wäldchen, wo sich der namengebende Wooggraben befindet. Der *Woog* wiederum ist keineswegs ein Frankfurt-typischer Eigenname, sondern meint ganz allgemein die mundartliche Bezeichnung für einen meist kleineren See oder Teich. Laut Definition soll es sich dabei um ein stehendes Gewässer handeln, ansonsten sind der Fantasie hinsichtlich der Ernennung zumindest theoretisch keine Grenzen gesetzt.

Noch prominenter als der Ginnheimer Wooggraben sind größere Wasserflächen in der Umgebung – schließlich ist der Begriff keineswegs auf die Frankfurter Mundart beschränkt: Im gesamten Südwesten der Bundesrepublik finden sich kleine und größere Seen, die vielerorts noch als Woog bezeichnet werden. In Darmstadt beispielsweise hat man neben dem Großen Woog-See auch gleich noch ein Viertel nach selbigem benannt – welches wiederum eine lokale Band zu ihrem Namen inspirierte. Interessant ist auch ein Blick auf die historische Wortbedeutung: In altgermanischen Dialekten kennt man neben dem *Woog* auch das Wort *Wag*, welches ebenfalls für ein stehendes Gewässer verwendet wurde. Mit ein wenig Fantasie kann man hier verwandte Begriffe wie Woge, wägen oder bewegen wiederfinden – in unserem Falle also: ein stehendes, *nicht* bewegtes Gewässer.

CINEMAGNUM

Zeilbewohner mussten draußen bleiben

Zeil

Kaum zu glauben, dass das heute pulsierende Herz der Frankfurter Innenstadt einst ganz weit draußen lag. Zumindest gefühlt, denn in die verriegelte Frankfurter Altstadt hatten Bewohner der *Zeil* nach Eintritt der Dunkelheit einst keinen Zutritt.

Doch von Anfang an: Die *Zeil* ist nicht nur ein schönes Beispiel für die typisch verkürzende Frankfurter Mundart, sondern verweist zudem auf eine interessante Anekdote aus der Stadtgeschichte. Bis zum 14. Jahrhundert nämlich war das Gebiet der Frankfurter Innenstadt noch reichlich überschaubar, eingegrenzt von der Staufenmauer, deren Reste sich heute zum Beispiel unterhalb der *Zeil* befinden. Erst 1333 gewährte Kaiser Ludwig von Bayern den Bewohnern eine dringend nötige Erweiterung des Stadtkerns. Der neu erbaute Stadtteil wurde folgerichtig als Neustadt bezeichnet und entspricht in etwa der heutigen *Zeil*. Diese wiederum erhielt ihren Namen durch den Umstand, dass anfangs lediglich eine Straßenseite bebaut wurde; eine einzelne Häuserzeile eben, die bald nur noch als *Zeil* abgekürzt wurde. Und so erklärt sich auch, wieso Frankfurts größte Shoppingmeile heute nicht wie andernorts zum Beispiel als Hauptstraße oder ein wenig mondäner als Allee bekannt ist, sondern schlicht wie prägnant als *Zeil*. Deren Erscheinungsbild hat sich übrigens im Laufe der Jahrhunderte so extrem gewandelt wie wenige Ansichten in Frankfurt: Auf der einseitigen Häuserreihe wurden

bald prächtige Patrizierhäuser für die reichen Frankfurter Bürger gebaut. Doch nicht nur Einwohner waren hier zu Hause: Wo heute die Modefilialen dieser Welt zu Hause sind, da florierte noch vor wenigen Jahrhunderten das Gastgewerbe. Mit seinen hochherrschaftlichen Gasthäusern und den fein gepflasterten Straßen galt die Stadt am Main schon früh als beliebtes Urlaubsziel bei der gut betuchten Gesellschaft. Fürstliche Wohnungen und palastartige Gebäude säumten die bald berühmt gewordene Flaniermeile. Im 19. Jahrhundert wurde Frankfurt allein dank seiner Zeil als eines der luxuriösesten Pflaster gepriesen. Doch schon kurz danach zeigten sich erste Veränderungen: Nach und nach wandelte sich die *Zeil* von einer hochherrschaftlichen Urlaubsdestination in eine feine Einkaufsstraße mit exklusiven Geschäften.

Zur Frankenfurt

Was eine sagenumwobene Hirschkuh, Karl der Große und der Frankfurter Hausfluss gemeinsam haben? Nun, zumindest der Sage nach kommt allen drei der genannten Elemente ihr ganz persönlicher Beitrag zur Gründung der Stadt Frankfurt zu. Einen Hinweis auf diese Legende liefert noch heute der Straßenname *Zur Frankenfurt*, der sich in unmittelbarer Nähe zum Schwanheimer Ufer befindet. Gemeint ist damit eine Furt, also eine Stelle im Fluss, die beispielsweise durch Steinbett oder Wassertiefstand besonders leicht zu durchqueren ist. Und weil jene Stelle zur Zeit der Stadtgründung eben hauptsächlich vom Volk der Franken frequentiert wurde, nannte man sie ganz schlicht und pragmatisch Frankenfurt. Die eigentliche Frankenfurt soll sich dabei übrigens ein ganzes Stück weiter östlich befunden haben, etwa auf Höhe der heutigen Alten Brücke.

Doch weil Legenden manchmal schöner sind als schnöde Fakten, möchten wir auch diese Geschichte rund um die Namensfindung und Gründung der Stadt Frankfurt nicht vorenthalten: Bedrängt von den kriegerischen Sachsen, flüchteten Karl der Große und seine Gefolgschaft bis hinunter an den Main. Hier machte ihnen der Fluss einen gewaltigen Strich durch die Rechnung – keine Brücke führte über das Wasser, von hinten drängten die Feinde, man befand sich in einer regelrechten Zwickmühle. In diesem Moment soll, einer göttlichen Fügung gleich, wie aus dem Nichts eine Hirschkuh erschienen sein. Sie zeigte den Männern rund um den Frankenkönig eine Stelle, an der man problemlos durch den so tief und reißend wirkenden Fluss waten konnte. Als die Sachsen aber die Verfolgung aufnahmen und schließlich selbst an den Main gelangten, da stand ihnen keine Hirschkuh zur Seite. Widerwillig mussten sie die Jagd auf Karl den Großen und seine Franken zunächst aufgeben. Jener richtete sich am schönen Fleck auf der anderen Seite des Mains schnell ein, so dass bereits 794 zum ersten Mal von *Frankonovurd* (althochdeutsch) bzw. *Vadum Francorum* (latein) die Rede sein konnte. Die Verkürzung von der *Frankonovurd* zum heutigen Frankfurt verlief in Etappen, zunächst vom mittelalterlichen *Frankenfort* zu *Franckfurth* und später zum heute allseits bekannten Stadtnamen. Zu sehen gibt's die Legende von der Frankenfurt, passend zur gleichnamigen Straße, übrigens auch: Der Maler Leopold Bode fertigte Ende des 19. Jahrhunderts ein Aquarell, auf dem neben Karl dem Großen und seiner Gefolgschaft auch ein Rudel Hirschkühe durch den Main watet. Es ist heute im Historischen Museum der Stadt Frankfurt zu bewundern.

Übrigens: Dass sich die vorliegende Sage tatsächlich so und nicht anders zugetragen hat, wird von Experten längst bestritten. Alternative Erklärungsmodelle für die Frankenfurt sind rar – und wenn, dann bestimmen auch hier Legenden den Tenor. Sicher jedoch ist, dass besagter Krieg in dieser Region niemals stattgefunden hat. Und ob eine Hirschkuh in grauer Vorzeit tatsächlich problemlos von einer Seite des Mains (dribbdebach) auf die andere (hibbdebach) gelangen konnte, das bleibt mindestens ebenso fragwürdig ...

Wer benennt Frankfurter Straßen?

Bei einigen Straßennamen scheint es keinen Zweifel über deren Berechtigung zu geben – Straßen und Brücken rund um den Main tragen oftmals den gleichnamigen Fluss im Namen, und auch die Straße *Am Hauptbahnhof* hält dank seiner unmittelbaren Nähe zum gleichnamigen Verkehrsknotenpunkt namenstechnisch keine großen Überraschungen bereit. Andere Straßenzüge tragen da schon weitaus ausgefallenere Namen, die zumindest einen zweiten Blick lohnen. Ganz aktuell aber wird das Thema, wenn Baugebiete erschlossen und Straßennamen quasi neu erfunden werden müssen. Spätestens dann fragen sich viele Frankfurterinnen und Frankfurter: Wer entscheidet, wieso es beispielsweise *Wolfsgangstraße* heißt und nicht anders? Und wer liefert eigentlich die Ideen für die Neu- oder Umbenennung?

Sicher ist: Die Benennung von Straßennamen folgt einem klar geregelten Ablauf. Die Zuständigkeit der jeweiligen Behörden hat dabei im Laufe der Jahrzehnte immer wieder gewechselt. Nach verschiedenen Reformen im Straßenbenennungsverfahren hat sich heute ein System bewährt, das ungefähr wie folgt aussieht: Das Stadtvermessungsamt lie-

Wo die Vorschlagsliste zu Hause ist: Straßenvermessungsamt der Stadt Frankfurt am Main

fert die Vorbereitungen, der Magistrat stellt konkrete Vorschläge zur Neubenennung von Straßenzügen zusammen. Über diese Vorschläge hat dann anschließend der jeweilige Ortsbeirat zu entscheiden, welcher sich aus den aktuell gewählten, politischen Vertretern zusammensetzt. In Frankfurt gibt es ganze sechzehn Ortsbeiräte, die jeweils über ihre eigenen Bezirke zu entscheiden haben. Soweit also die Theorie – in der Praxis jedoch kann dieses Verfahren durchaus komplizierter werden, je nachdem, wie einig sich die am Entscheidungsprozess beteiligten Personen und Behörden eben sind. Alles nur öde Bürokratie? Nicht unbedingt: Denn neben formalen spielen hier selbstverständlich auch inhaltliche Kriterien eine wichtige Rolle. So kann man nur erahnen, welch heftige Auseinandersetzungen einst zum Beispiel über die Benennung von Straßenzügen nach kommunistischen Widerstandskämpfern oder über die Umbenennung der historischen *Obermain-* in die heutige *Ignatz-Bubis-Brücke* entbrannt sind. Auch Frankfurter Bürger machten ihrem Ärger gerne Luft – beispielsweise in Leserbriefen an die örtlichen Tageszeitungen oder durch Petitionen an die zuständigen Verwaltungsämter. Dabei muss es nicht immer eine politische Meinungsverschiedenheit sein, die den Sturm der Entrüstung auslöst: Manch einer möchte, ganz pragmatisch, auch schlicht seinen gewohnten Straßennamen nicht verlieren.

Den Anfang einer jeden hochoffiziellen Straßenbenennung macht also der Namensvorschlag. Doch wessen Fantasie entspringen diese Vorschläge überhaupt? Die gute Nachricht vorab: Grundsätzlich kann jeder Frankfurter Bürger Vorschläge einreichen, die er für wichtig und sinnvoll erachtet. Ansprechpartner hierfür ist das Vermessungsamt der Stadt Frankfurt. Sofern keine schwerwiegenden Einwände, beispielsweise sittlicher oder politischer Natur, vorliegen, werden diese Vorschläge meist ohne genauere Prüfung in die Liste aufgenommen. Was in der offiziellen Vorschlagsliste steht, ist übrigens kein Geheimnis – eingetragene Namen sind zum Beispiel auf den offiziellen Internetseiten der Stadt Frankfurt für jedermann offen einsehbar. Eingeteilt in sogenannte Namensgruppen findet man hier neben weithin bekannten Persönlichkeiten auch deutlich ungewöhnlichere Namenspaten und Vorschläge wie zum Beispiel den Kasachischen Nationaldichter Abai. Neben ausgewählten Namen aus der Vorschlagsliste kann der Magistrat auch selbst aktuelle Anlässe zur Benennung von Straßenzügen empfehlen. Darüber hinaus ist außerdem die Stadtverordnetenversammlung befugt, verbindliche Beschlüsse festzulegen.

Die rechtliche Grundlage für die heute gültigen Maßnahmen zur Straßenbenennung ergibt sich aus einer Verordnung von 1939. In diesem Jahr erhielten Städte und Gemeinden erstmals volle Entscheidungsmacht über die Benennung von Straßennamen. Lange Zeit galt nicht nur in Frankfurt Preußisches Recht, nach welchem die Benennung ausschließlich Aufgabe der Polizeibehörden war. Zwar ging auch dies nicht immer ohne Widerstand der betroffenen Gemeinden vonstatten; ein umfassend klärender Beschluss, hier durch den damaligen Reichsminister ausgesprochen, lag jedoch noch in einiger Entfernung. Im Zuge der Entnazifizierung kamen hier ab 1945 weitere Erlasse und Regelungen hinzu, die heikle nationalsozialistische Passagen aus der Verordnung aufheben und den Weg in eine bis in alle Instanzen hinein demokratische

Gesellschaft ebnen sollten. 1972 schließlich trat das sogenannte Reichsbereinigungsgesetz in Kraft, nach dessen Durchführung die veränderte Verordnung von 1939 offiziell zum Landesrecht erhoben wurde.

Doch an Hand welcher Kriterien entscheidet sich nun eigentlich, ob ein Vorschlag geeignet ist oder nicht? Gute Aussicht auf Erfolg haben in jedem Fall Namensvorschläge mit lokalem Bezug. Frankfurter Persönlichkeiten zum Beispiel, die sich in besonderer Weise um das Leben in ihrer Stadt verdient gemacht haben – Baumeister und Mediziner ebenso wie Erfinder, Politiker oder Firmeninhaber. Auch historische bzw. traditionell überlieferte Flurbezeichnungen (wie unter anderem die *Pfaffenwiese* oder der schöne Straßenname *Am Bier*) haben bei der Neubenennung eine reelle Chance. Und auch zu ausgefallen sollte der künftige Straßenname nicht sein – da sind die politischen Entscheider in ihrer Gesamtheit oft doch eher konservativ. Und das übrigens unabhängig ihrer politischen Gesinnung durch nahezu alle Fraktionen hinweg: So wurde beispielsweise der Vorschlag einer damaligen CDU-Fraktion, zwei Straßenzüge in Andenken an Hoffmanns „Struwwelpeter“ in *Minz-* und *Maunz-Weg* zu benennen, vom zuständigen Ortsbeirat abgelehnt. Umgekehrt schaffen es einige auf den ersten Blick skurrile oder ungewöhnliche Namen durchaus aufs Straßenschild – einige davon werden in diesem Buch vorgestellt. Übrigens: Bei weit über 3000 bereits erfolgreich benannten Straßen ist eine (Neu-) Benennung heute eher die Ausnahme als die Regel. Den mit Abstand größten Anteil in puncto Neubenennung nehmen dabei neu erschlossene Baugebiete mit ihren Straßen ein. Hier sind Sachverstand und, das lässt sich sicherlich nicht ganz ausschließen, auch der persönliche Geschmack des Ortsbeirats bei der Entscheidung für einen passenden Namen gefragt. Gerade bei mehreren, gleichzeitig zu benennenden Straßenzügen greift man gern auf die Praxis der sogenannten Namensnester zurück. Darüber hinaus kann zum Beispiel beschlossen werden, dass ein aktueller Straßenname nicht mehr den nötigen Nutzen erfüllt – also beispielsweise so irreführend ist, dass eine Umbenennung dringend erforderlich wird. Noch seltener, aber durchaus möglich: Eine Umbenennung aus politischen Gründen oder aktuellem Anlass, der für diesen Fall natürlich von ausgesprochen hoher Bedeutung sein muss. Ein besonders prominentes Beispiel hierfür dürfte der neu benannte *Hülya-Platz* in Frankfurt-Bockenheim sein.

Gewissermaßen ein Sonderfall und eigentlich ein eigenes Kapitel wert: Straßennamen mit militärischem und nationalsozialistischem Charakter, deren Umbenennung im Jahr 1945 auf Befehl von US-General Eisenhower in die Wege geleitet wurde. Auch heute gibt es noch vereinzelt Fälle, in denen die Beteiligung berühmter Persönlichkeiten im nationalsozialistischen System umstritten ist. Ob und inwieweit beispielsweise die Mitgliedschaft in der NSDAP bereits ein Ausschlusskriterium für eine namentliche Widmung darstellt, ist in den Richtlinien nicht eindeutig festgelegt. Hier besteht politischer Spielraum, der im konkreten Fall durchaus kontrovers diskutiert wird: Erst im Jahr 2003 ging der Vorschlag zur Ehrung eines verstorbenen Firmengründers ein, gegen den sich heftiger Widerstand entbrannte. Weil dieser einst Mitglied der NSDAP war, hielten viele eine Ehrung durch Benennung eines Straßennamens für undenkbar. Andere Politiker maßen dieser Tatsache weniger Bedeutung bei und verwiesen stattdessen auf die Verdienste des Verstorbenen für die Stadt Frankfurt.

Natürlich unterliegt auch die endgültige Entscheidung für oder gegen einen bestimmten Straßennamen nicht allein persönlichem Geschmack, sondern auch ganz spezifischen Leitlinien. Diese sind jedoch nicht unbedingt bindend – letztendlich ist jedes Mitglied im Ortsbeirat lediglich seinem eigenen Gewissen verpflichtet. Um die Auswahl zu erleichtern und allzu schwere Fehlentscheidungen von vorneherein auszuschließen, trifft der Magistrat bereits eine Vorauswahl mit seiner Ansicht nach geeigneten Vorschlägen. Diese müssen zum Beispiel auch formal einwandfrei sein, dürfen also keine Rechtschreibfehler enthalten, weder zu lang noch zu kurz sein.

Die auf den ersten Blick rein bürokratischen Bestimmungen und Richtlinien sorgen also nicht zuletzt auch dafür, dass sich Einheimische wie Besucher gut im Frankfurter Straßennetz zurechtfinden. Namen mit Zungenbrecher-Qualität sollen daher ebenso vermieden werden wie solche, deren Länge den ausgewählten Straßenzug zumindest auf dem Stadtplan sprengen würde. Deshalb müssen kurze Straßen mitunter auch einmal mit einem kurzen Namen vorlieb nehmen.

Übrigens: Eine offizielle Benennungspraxis für Straßenzüge ist erst seit dem 19. Jahrhundert bekannt. Vor den eingangs genannten Bestimmungen in Preußen gab es hier keine einheitlichen Vorschriften zur Benennung von Straßen und Plätzen. So wurden Straßen gern nach hochherrschaftlichen Häusern benannt, die sich an Ort und Stelle oder zumindest in der Nähe befanden. Namen wie die *Habsburger-* oder *Wittelsbacherallee* zeugen noch heute von dieser Gewohnheit. Später wurden auch typische Eigenschaften der jeweiligen Straße hinzugezogen, die beispielsweise der *Breiten Straße* zu ihrem Namen verhalfen. Und auch die *Lange Meile* fällt gewissermaßen in diese Kategorie, bezeichnet sie doch die historische (und in Kilometern tatsächlich beachtliche) Marschroute der Römer.

Zu guter Letzt hier noch einige Fakten aus der Statistik, die einen guten Gesamteindruck vom Frankfurter Straßenverzeichnis liefern: Wer hätte zum Beispiel gedacht, dass von den aktuell in Frankfurt am Main benannten Straßen zwar ein Großteil, aber längst nicht alle Namen nach offiziell amtlichem Beschluss festgelegt worden sind? Mehr als 250 Straßennamen haben hier eine Abkürzung genommen und es ohne das übliche bürokratische Prozedere in den Stadtplan geschafft. Noch spannender bleibt ein Blick auf die Verteilung von Straßennamen in Frankfurt. Hier sind einige Fakten zu finden, die auch manchen Alteingesessenen noch überraschen dürften. Denn den ersten Platz in der Liste typischer Namensgruppen führen nicht etwa bekannte Persönlichkeiten an – sie nehmen, aufgeteilt in Kategorien wie Erfindungen und Entdeckungen (15 %), Widerstand gegen das NS-Regime und dessen Verfolgung (2 %) oder Geschichtliches aus Frankfurt am Main (8 %) insgesamt betrachtet nur den zweiten Platz ein. Nein, ein Großteil aller Straßennamen in Frankfurt am Main entstammt der Geografie: Mit rund 39 % nimmt diese Namensgruppe den Bärenanteil im Frankfurter Straßennetz ein. Eigentlich naheliegend, schließlich sind Feld- und Flurnamen in vielen Fällen seit Generationen etabliert – nach Eintreten der offiziellen Straßenbenennungspraxis konnten sie einfach übernommen werden. Die Tierwelt muss sich übrigens mit weitaus weniger Prominenz begnügen: Nur rund 5 % aller Frankfurter Straßennamen entfallen auf den Bereich Botanik und Zoologie.

Titusstraße, Limes- und Nidacorso

Nur der Name erinnert noch an die Römer

Das Nordwestzentrum kennen die meisten Frankfurter in erster Linie als weitläufiges (und zur Hauptgeschäftszeit äußerst gut besuchtes) Shoppingparadies. Dabei kann man hier nicht nur problemlos die Einkaufstüte füllen, sondern quasi unbemerkt auf historischen Spuren wandeln – und ganz nebenbei auch noch besonders extravagante Standorte für ganz gewöhnliche Straßenschilder finden. So zum Beispiel den *Nidacorso* oder den *Tituscorso,* die hier in typisch weißer Schrift auf blauem Grund den ehemaligen Standort historischer Römerbauten angeben. Die wiederum erhielten ihren Namen durch römische Herrscher wie den Kaiser Titus oder als Referenz zum ursprünglichen Siedlungsnamen Nida.

Heute sind die Straßenschilder gut überdacht im Innenraum des Einkaufszentrums befestigt, von den Besucherströmen scheinbar unbemerkt zwischen Leuchtreklame und Schaufensterscheiben. Dabei befinden sich die Straßennamen in bester Gesellschaft – nebenan lädt die *Titustherme* an der Straße *Nidaforum* zum Badetag, und zum Parkhaus gelangt man hier zum Beispiel über den Eingang *Limescorso.*

Keine Frage: Die Römer haben hier regelrecht Einzug in den Alltag der Bewohner des Frankfurter Nordwestens gehalten. Die ersten belegten Aufzeichnungen stammen aus den Jahren 69 bis 79 und gehen zurück auf den Kaiser Vespasian, dem ganz in der Nähe ebenfalls ein eigener Straßenname gewidmet ist. Ursprünglich galt der Frankfurter Nordwesten den Römern in erster Linie als militärische Basis, strategisch äußerst günstig gelegen und durch Kastelle gegen die feindlichen Germanen gesichert. Im Laufe der Zeit wurden die vorübergehenden Lager dann zunehmend stärker besiedelt, bis schließlich ganz offiziell die römische Stadt Nida ausgerufen wurde. Deren Name geht mit großer Wahrscheinlichkeit auf den benachbarten Fluss, die Nidda, zurück. Rund 200 Jahre existierte die Römerstadt an dieser

Stelle; ihre in tiefen Erdschichten eingeschlossenen Bauwerke, Handwerkszeug und Kulturgut wurden zu einem großen Teil erst zu Beginn des 20. Jahrhunderts entdeckt.

Neben dem Nordwestzentrum, in den 1960er Jahren gewissermaßen als Dreh- und Angelpunkt des noch relativ jungen Stadtteils konzipiert, führt außerdem die zugehörige Nordweststadt auf die Spuren der Römer. Und auch hier sind es in erster Linie die Straßennamen, die heute zumindest noch eine Ahnung von der historischen Bedeutung des Frankfurter Nordwestens vermitteln: Straßen wie der *Römerstädtische Steg* verbinden das Nordwestzentrum mit der Römerstadt, und im benachbarten Heddernheim erinnern Namen wie *Kastell-* und *Titusstraße* an die römische Vergangenheit. Von den Ruinen, die hier zu Baubeginn ausgegraben wurden, sind etliche nahezu völlig zerstört worden. (Eine Ausnahme bilden zum Beispiel die Brunnen und Kastelle, deren Ausgrabung jedoch bereits im 19. Jahrhundert ganz gezielt vorgenommen wurde.) Dabei gab es hier neben Überresten einst bedeutender Bauwerke auch kleinere archäologische Funde zu verzeichnen: Zahlreiche Keramikschalen, Münzen und sogenannte Bilderschüsseln aus römischer Vorzeit wurden zu Beginn der Bauarbeiten für die Römerstadt Ende der 1920er Jahre ausgegraben. Die enorme Menge an archäologischem Material konnte von den wenigen Experten des damaligen vor- und frühgeschichtlichen Museums in Frankfurt kaum bewältigt werden, sodass viele Anwohner selbst auf Expedition in die Baggergruben gingen.

Übrigens waren die Römer längst nicht die ersten, die es sich im Frankfurter Nordwesten vor etlichen Jahrhunderten gut gehen ließen. Scheinbar galt die Region rund ums Dreieck Heddernheim-Niederursel-Praunheim schon in grauer Vorzeit als attraktive Wohngegend: Archäologische Funde im gesamten Gebiet belegen, dass hier bereits Jahrtausende vor den Römern gesiedelt wurde.

Amsel, Drossel, Fink & Star

Namensnester im Frankfurter Straßennetz

„Alle Vögel sind schon da, alle Vögel, alle. Amsel, Drossel, Fink & Star“ – wer kennt es nicht, das berühmte Lied von Hoffmann von Fallersleben? Im Frankfurter Straßennetz jedenfalls kann man sich mit jeder einzelnen der hier genannten Vogelarten schmücken – und nicht nur das: Neben Amselweg, Finkenstraße und Starenweg finden sich im Stadtteil Unterliederbach außerdem auch noch die Bachstelze, der Stieglitz, die Wachtel, die Nachtigall und sogar die Grasmücke namentlich verewigt. Dabei ist die besagte Unterliederbacher Siedlung nur ein Beispiel von vielen: Im gesamten Stadtgebiet finden sich Ansammlungen thematisch passender Straßennamen, die auch als sogenannte Namensnester bezeichnet werden.

Nur einer von zahlreichen „Höfen" am Sachsenhäuser Ufer

Namensnester gibt es in zahlreichen deutschen Städten, Frankfurt bildet hier also keine Ausnahme.

Die Methode, gleich mehrere benachbarte Straßen mit ähnlichen Namen zu besetzen, erfreut sich dabei nicht zuletzt bei Neubaugebieten großer Beliebtheit. Schließlich werden hier in den meisten Fällen gleich mehrere, am besten klangvolle Straßennamen auf einen Schlag benötigt. Was liegt also näher, als der neu entstandenen Siedlung durch Namensnester ein einheitliches Profil zu verschaffen? Ein spezifischer Bezug zum Standort ist hier eher selten gegeben. Fantasievoll, mit schönem Klang und einem Oberthema, auf das sich alle Bewohner einigen können – so oder ähnlich könnten die Kriterien lauten, an Hand derer nach passenden Namensnestern gesucht wird. Ein schönes Beispiel für diese Praxis findet sich zum Beispiel in Preungesheim, wo mit Namen wie der *Herrenapfelstraße*, der *Kantapfelstraße*, der *Alkmenestraße* oder der *Boskoopstraße* dem beliebten Kernobst gedacht wird.

Doch nicht immer müssen Flora und Fauna für die Namensfindung herhalten: In Niedererlenbach beispielsweise bilden *Sudeten-* und *Pommernstraße, Lausitzstraße, Brandenburgstraße, Kurmarkstraße, Sorbenstraße* und *Mecklenburger Straße* ein solches Namensnest, während in Unterliederbach alt-germanische Volksstämme mit Namen wie *Cheruskerweg, Chattenweg, Markomannenweg* und *Alemannenweg* verewigt wurden.

Ein Namensnest mit historischem Bezug findet sich in Sachsenhausen, ganz in der Nähe des Mainufers. Hier erinnern Straßen mit Namen wie *Zum Gottschalkhof, Zum Laurenburger Hof, Zum Apothekerhof* oder *Zum Gipfelhof* an die imposanten Gehöfte, sogenannte Reichslehen, der gleichnamigen Familien. Im Riederwald sind zahlreiche Straßen nach Koryphäen der Genossenschaftsbewegung

oder Nationalökonomen benannt, während man südlich der Stresemannallee zum Beispiel in Straßen wie *Unter den Linden, Unter den Eichen, Unter den Birken* oder *Unter den Buchen* wohnen kann.

Karl-Marx-Straße
53 – 61
Einbahnstraße

Pfaffenwiese und Ringelstraße

Straßennamen aus Feld und Flur

Im offiziellen Straßenverzeichnis der Stadt Frankfurt findet sich ein beachtlicher Anteil von Straßen, deren Namen direkt aus Feld und Flur entnommen sind. Eigentlich kein Wunder: Blumen, Bäume und Landschaften sind dankbare Namenspaten, wecken sie im Idealfall doch Gedanken an idyllische Postkartenbilder und angenehme Düfte. Noch zudem sind Pflanzen ein äußerst unpolitisches Pflaster und kaum streitbar: Auf eine schöne Magnolie beispielsweise können sich die meisten Straßenbewohner einigen. Und auch unter formalen Aspekten können Namen aus Feld und Flur punkten: Schließlich klingt's in den meisten Ohren sehr viel schöner als so mancher Name, der mit morbiden Geschichten daherkommt oder mit einer komplizierten Aussprache verbunden ist. Pure Idylle, mitten im Herzen der Großstadt – ein Konzept, dass sich nicht nur in Frankfurt großer Beliebtheit erfreut.

Dabei muss man strenggenommen durchaus unterscheiden: Zwischen jenen Namen nämlich, die zumindest historische Wurzeln haben – und solchen, die ohne Bezug zum jeweiligen Straßenzug bestimmt werden. Zur Fraktion der historisch gewachsenen Namen zählt beispielsweise die *Pfaffenwiese* in Frankfurt-Zeilsheim. Die Pfaffenwiese liefert dabei auch noch ganz nebenbei ein hervorragendes Beispiel dafür, dass Feld- und Flur-Begriffe keineswegs dem Lehrbuch für Biologie entnommen sein müssen, sondern ganz im Gegenteil selbst eine mundartliche Wortneuschöpfung sein können: In diesem Fall deutet die *Wiese* tatsächlich auf das gemeinte Grasstück hin; die *Pfaffen* jedoch sind keineswegs die Verballhornung einer Pflanzengattung, die sich hier besonders gern angesiedelt hätte, sondern waren die teilweise heute noch geläufige, umgangssprachliche Bezeichnung für die heimischen Kirchenväter. Eben diesen soll das weitläufige Grundstück einst gehört haben, weshalb es der Volksmund schnell zur *Pfaffenwiese* ernannte. Durch Vermietung und Verpachtung der früher unbebauten *Pfaffenwiese* sollen sich die Geistlichen schließlich ihren Lebensunterhalt gesichert haben.

Neben diesem gibt es zahlreiche weitere Beispiele für historisch gewachsene Namen im Frankfurter Straßennetz. Viele davon zeigen ihren eigentlichen Ursprung erst auf den zweiten Blick: So gehen auch Namen wie zum Beispiel *Ringelstraße*, *Am Bier* oder *Sandweg* auf eine historische Flurbezeichnung zurück.

Auf der anderen Seite finden sich Namen ohne historischen oder regionalen Bezug, die in erster Linie schön klingen und von den Bewohnern ihrer Straße gleichermaßen gut angenommen werden sollen. Hierzu zählen beispielsweise die *Magnolienstraße*, die *Zaubernußallee*, der *Hortensienring* oder die *Karmelienstraße* im Neubaugebiet von Unterliederbach, während sich rund um den Frankfurter Berg Straßennamen wie *Buchsbaumweg*, *Berberitzenweg*, *Lavendelweg*, *Jasminweg*, *Malvenweg* oder *Ribisweg* tummeln. Auch die letztgenannte fügt sich hier nahtlos in die Sammlung aus Blüten und Früchten ein: Die *Ribis* gilt als mundartliche Bezeichnung für die Johannisbeere.

(Wilde) Tiere im Frankfurter Stadtplan

W*olfsweide*, *Bärenstraße*, *Bachforellenweg*: Einige Namen im Frankfurter Straßennetz stammen aus dem Reich der Tiere. Dabei verweisen jedoch längst nicht alle davon auf aktuelle oder ehemalige Bewohner: In Unterliederbach beispielsweise findet sich gleich eine ganze Siedlung, deren Straßen ausschließlich nach Vogelarten benannt wurde (siehe auch „Namensnester", S. 125). Ob hier aber auch im realen Leben mit Amseln, Finken, Drosseln, Staren, Stieglitzen oder Grasmücken gleich mehrere Federtiere zu Hause sind oder ob nur einige der genannten Arten hin und wieder vorbeifliegen, sei einmal dahingestellt. Gleiches gilt für den *Bachforellenweg* im Frankfurter Westhafen. Einige Straßennamen jedoch verraten tatsächlich etwas über ihre tierischen Bewohner bzw. Besucher – in diesem Fall jedoch über solche, die an dieser Stelle längst ausgestorben sind: Im Gebiet rund um die Straße *An der Wolfsweide* in Preungesheim sollen die grauen Wildtiere einst zu Hause gewesen sein. So war das heutige Stadtgebiet vor einigen Jahrhunderten von moorigem Untergrund, Sumpf und Morast geprägt. Diese Moore boten ideale Lebensbedingungen für Wölfe, die sich hin und wieder auch in die Wohnsiedlungen verirrten. Der letzte Wolf in dieser Gegend soll im 15. Jahrhundert gesichtet worden sein. In die Kategorie tatsächlich vorhandener, tierischer Bewohner fällt auch der

Große Hirschgraben, der sich in unmittelbarer Nähe zu den historischen Stadtmauern befindet. Andere Straßennamen verweisen zwar auf exotische Tiere, haben jedoch einen völlig anderen Ursprung – wie beispielsweise der Affentorplatz in Sachsenhausen. Umgekehrt gibt es auch solche Straßen, deren tierischen Ursprung nur der Kenner ergründen kann: So ist der *Barodapfad* dem berühmten Frankfurter Elefant gewidmet, der über 40 lange Jahre im benachbarten Zoo zu Hause war. Und auch die *Bärenstraße* liegt wohl kaum zufällig neben dem Frankfurter Stadtzoo – und in direkter Nachbarschaft zur Straße *Am Tiergarten* …

Mehr als ein Verwaltungsakt

Umbenennung von Straßennamen während des Nationalsozialismus

Streitigkeiten und Diskussionen um einzelne Straßennamen gibt es immer wieder: So war und ist der nach dem Mordopfer von Solingen benannte *Hülya-Platz* Anlass für manche Kontroverse, und auch beispielsweise Widerstandskämpfer erhielten ihre öffentliche Anerkennung nicht immer ohne politischen Gegenwind. Eine völlig neue Dimension aber erreichte diese Bennungspraxis in den Jahren 1933 - 1945, zu Zeiten des deutschen Nationalsozialismus. Selbst auf den ersten Blick scheinbar unverfängliche Namen wurden damals als volksgefährdend eingestuft und radikal aus dem öffentlichen Bewusstsein entfernt. Nur ein Beispiel von vielen: Der *Börsenplatz*, der auf Grund der antisemitischen Interpretation des Finanzwesens als genuin jüdische und somit bedrohliche Sache kurzer Hand in *Platz der SA* umbenannt wurde.

Dabei hängt der Umbenennung von Straßennamen zu Zeiten des NS-Regimes eine fatale Bedeutung an, die weit über einen simplen Verwaltungsakt hinausweist: Die ausgewählten Namen standen stellvertretend für das jüdische Leben vor Ort. Mit ihrer Umbenennung sollte diesem Leben zunächst symbolisch der Boden entzogen werden: Was es nicht gibt, das scheint niemals da gewesen zu sein –

und das hat, so sollte die Geschichte zeigen, bald auch keine Daseinsberechtigung mehr. Mit dem Beginn der Machtübernahme setzte man von Anfang an und äußerst konsequent auf die Tilgung jüdischen Lebens aus dem öffentlichen Bewusstsein. Ein Ziel, das binnen weniger Jahre umgesetzt werden konnte. Gleichzeitig stellt die Umbenennung der Straßenzüge ein düsteres Vorzeichen für die unmittelbar physische Auslöschung dar, die nur kurze Zeit später auch für zahlreiche Frankfurter Juden furchtbare Realität werden sollte.

Wie üblich im Nationalsozialismus, so unterlag auch die Umbenennung der Straßennamen strengen Regeln und Vorschriften. Schon 1934, erst ein Jahr nach der Machtübernahme, wurde eigens ein Ausschuss für die Straßenbenennung gegründet. Diese Fußnote der Geschichte macht besonders deutlich, welch enorm hoher, gesellschaftlicher Stellenwert den einzelnen Straßennamen tatsächlich zugeschrieben wurde. 1938 schließlich folgte ein verbindlicher Erlass des Reichsministers, der fortan die Umbenennung aller nach Juden benannten Straßennamen zur Pflicht machte. Ein Erlass, der in vielen Städten und Gemeinden längst überflüssig geworden war – schon Jahre zuvor hatten nationalsozialistisch geführte Kommunen dafür gesorgt, jüdische Namen rigoros aus ihrem Straßennetz zu verbannen.

An dieser Stelle sollen nur einige Beispiele stellvertretend für die gängige Umbenennungspraxis während der NS-Herrschaft aufgezeigt werden. Neben Straßenzügen und Plätzen, die mit der Börse in Zusammenhang standen und somit im antisemitischen Weltbild als volksschädi-

gend galten, wurden auch berühmte Frankfurter Persönlichkeiten mit jüdischem Hintergrund systematisch aus dem Straßenverzeichnis getilgt. Ein besonders eindrucksvolles Zeugnis dieses Irrsinns zeigt sich heute am *Neuen Börneplatz*, der als sichtbar gemachte Historie alle Straßenschilder mit jeweiligem Datum der Umbenennung zur Schau stellt (siehe auch S. 77 *Neuer Börneplatz*). Vom ursprünglichen Judenmarkt wurde dieser Ort zum Börneplatz, in Gedenken an den Frankfurter Bürgerrechtler und Staatswissenschaftler Dr. Carl Ludwig Börne, geboren als Juda Löb Baruch. Doch auch dieser Name währte nicht lang; 1935 wurde der Börneplatz kurzer Hand zum Dominikanerplatz erklärt. Hier half dem Namenspaten auch der Übertritt zum Christentum nicht weiter – als Journalist mit jüdischen Wurzeln musste Dr. Carl Ludwig Börnes Name dem antisemitischen Rassenwahn weichen.

Weitere Straßennamen, die bekannten jüdischen Persönlichkeiten gewidmet waren, umfassten beispielsweise die *Carl-von-Weinberg-Straße*, die *Cassellastraße*, die *Geigerstraße*, die *Jakob-Schiff-Straße* oder die *Josef-May-Straße*. All diese und noch viele weitere fielen der Umbenennung nach den Richtlinien des offiziell errichteten „Straßenumbenennungsausschuss" zum Opfer.

Dabei folgte übrigens auch die Neubenennung einem relativ strengen Muster: So wurden zahlreiche Straßen und Plätze nach politischen bzw. militärischen Größen des NS-Regimes benannt – der *„Platz der SA"* für den Börsenplatz ist hier ein besonders berühmtes Beispiel. Die *Hausener Straße* wurde kurzer Hand zur *„Ludendorffstraße"*, dessen Namenspatron mit militärischen Ehren als NSDAP-Kandidat bei der Reichspräsidentenwahl angetreten war, während die *Gallusanlage* fortan als *„Adolf-Hitler-Anlage"* geführt wurde. Mindestens ebenso beliebt waren scheinbar unverfängliche Namen, in denen spätestens aber auf den zweiten Blick ein deutlich völkischer Anklang mitschwang. Beispielhaft für diese Kategorie sind Namen wie die *„Karolingerallee"* für die *Rothschildallee*, aber auch Städtenamen beispielsweise aus dem Elsass, aus Litauen oder Böhmen, die dem territorialen Anspruch eines „großdeutschen Reichs" Ausdruck verleihen sollten. Erinnerungen an ehemalig deutsche Kolonien wurden mit Straßennamen wie *„New-Guinea-Weg"* oder *„Tangastraße"* (an Stelle der ehemaligen *Kollwitzstraße*) zu neuem Leben erweckt, während auch Wegbereiter und Vordenker des Nationalsozialismus zu Ruhm und Ehre kommen sollten.

Neben dem Judentum kannte das NS-Regime einen weiteren „Hauptfeind", der ebenfalls aus dem öffentlichen Bewusstsein getilgt werden sollte. Hierbei handelte es sich in erster Linie um politische Gegner, die nach Ansicht der Nationalsozialisten als Verbreiter gefährlichen und „volksschädigenden" Gedankenguts diskreditiert wurden. Die Liste der entsprechend deklarierten Personen ist lang und mindestens ebenso breit gefächert: Sozialdemokraten waren den Nationalsozialisten ebenso ein Dorn im Auge wie Kommunisten oder Marxisten. Auch deren Anteil am gesellschaftlichen Leben sollte mit der Straßenumbenennung endgültig zum Tabuthema gemacht werden. Beispiele für diese Praxis sind der *Engelsplatz*, welcher unter dem NS-Regime zum *„Memeler Platz"* wurde, oder die nach dem SPD-Politiker benannte *Haenischstraße*, die 1933 plötzlich als *„Lötzener Straße"* ins Register eingetragen wurde.

In einigen Punkten war jedoch auch der nationalsozialistische Verwaltungsapparat den eigenen Maßstäben nach nicht gründlich genug: Der Straßenname *„Buchenrodestraße"* beispielsweise blieb, trotz Erinnerung an das jüdische

„Haus Buchenrode“, die gesamte Zeit über unverändert. Hier wurde lediglich die Widmung entfernt, welche an die jüdischen Namensgeber erinnerte. Und auch andere Straßennamen wurden nicht immer ganz „zielsicher“ eingeschätzt. So benannten die Nationalsozialisten zum Beispiel auch die *Sophienstraße* um, in deren Namen sie fälschlicherweise jüdische Wurzeln aus der Familie Rothschild vermuteten. Überhaupt wurden die Beschlüsse zur Umbenennung mitunter eigenständig interpretiert und umgesetzt: Die nach dem berühmten Komponisten Mendelssohn benannte Straße beispielsweise durfte bleiben, weil sich dieser, so die sinngemäße Begründung, dem „deutschen Volksgeist“ angepasst habe.

Bemerkenswerterweise fand die reihenweise Umbenennung von Straßennamen jedoch noch vor Kriegsbeginn ihr Ende: Während insbesondere in den Anfangsjahren nach der Machtübernahme durch die NSDAP eifrig umbenannt wurde, was nur umbenannt werden konnte, wurde diese Praxis mit Einsetzen des Zweiten Weltkriegs deutlich reduziert und schließlich sogar ganz eingestellt. Ab diesem Zeitpunkt sollten keine „Ressourcen“ verbraucht werden, die die militärische Durchsetzungskraft hätte schwächen können. Bereits vor dem Überfall auf Polen, am 30. August 1939, kam eine entsprechende Anordnung zur Vereinfachung von Verwaltungsaufgaben, die auch die Umbenennung von Straßennamen umfassten. Mit dem Ende der nationalsozialistischen Herrschaft und im Rahmen der offiziellen Entnazifizierung schließlich erhielt ein Großteil der umbenannten Straßenzüge und Plätze in Frankfurt seinen ursprünglichen Namen zurück.

Wer für die Namen Pate stand

Ob der Place Charles-de-Gaulle in Paris, der Hindenburgplatz in Münster oder der Karlsplatz in Prag, München und Heidelberg: Auf der ganzen Welt finden sich Plätze und Straßen, deren Namen an herausragende Persönlichkeiten des öffentlichen Lebens erinnern. Auch Frankfurt stellt hier selbstverständlich keine Ausnahme dar. Doch während Widmungen beispielsweise an einen Zoodirektor oder an einen lokalen Komponisten noch relativ unideologisch daherkommen und daher durch alle politischen Fraktionen hinweg eine breite Zustimmung erhalten dürften, so ist dies längst nicht bei allen Straßennamen der Fall gewesen. Eine nähere Betrachtung dieser Namen kann daher häufig auch wie eine Art politisches Stimmungsbarometer gelesen werden – und zwar genau von jenem Zeitpunkt, zu dem der entsprechende Name vergeben wurde. Ein besonders offensichtliches Beispiel ist die Benennung von Straßen und Plätzen zur Zeit des Nationalsozialismus. Jahrhundertealte, traditionell gewachsene Bezeichnungen wurden plötzlich durch militärische und politische NS-Größen ersetzt. Umgekehrt verhielt es sich unmittelbar nach dem Zweiten Weltkrieg: Im Rahmen der Entnazifizierung wurde der Großteil aller betroffenen Straßen und Plätze wieder seinem ursprünglichen Namen zugeführt, was einen Verwaltungsakt mit enormem Symbolcharakter darstellte.

Doch auch dieser Prozess lief und läuft nicht ohne Querelen ab: In zahlreichen Städten der Bundesrepublik sind noch heute NSDAP-Mitglieder zu finden, die zur besagten Zeit ein öffentliches Amt beispielsweise als Bürgermeister oder Schuldirektor bekleideten. Hier entbrennen an vielen Orten noch heute teils heftige Konflikte, die auf der Schnittstelle zwischen Lokalpatriotismus und Geschichtsbewusstsein ausgefochten werden. Umgekehrt sind auch Widerstandskämpfer nicht unbedingt die beliebtesten Kandidaten für künftige Straßennamen: Während man sich auf bekannte Persönlichkeiten wie Hans und Sophie Scholl (*Geschwister-Scholl-Straße* in Praunheim) noch einigen kann, gibt es andere, deren Wirken zumindest für Kontroversen sorgt. Ein offenes Bekenntnis zum Kommunismus beispielsweise galt einigen Entscheidungsträgern mitunter schon als Ausschlusskriterium für eine öffentliche Würdigung in Form eines Straßennamens. Nur einige Beispiele von Widerstandskämpfern, die es in die Liste Frankfurter Straßennamen geschafft haben: Der *Ludwig-Gehm-Weg* erinnert an den sozialistischen Widerstandskämpfer, der bis 1943 im KZ Buchenwald interniert wurde. Für seine besonderen Verdienste zur Zeit des Nationalsozialismus wurde Gehm in den 70er Jahren mit der Wilhelm-Leuschner-Medaille geehrt. Mit dieser Medaille würdigt das Land Hessen Persönlichkeiten, die sich in besonderer Weise für die Demokratie verdient gemacht haben. Der überzeugte Sozialdemokrat Wilhelm Leuschner war selbst bis zu seiner Ermordung im Jahr 1944 entschiedener Gegner des nationalsozialistischen Regimes. Auch sein Name findet sich in und um Frankfurt in zahlreichen Straßennamen, darunter der *Wilhelm-Leuschner-Straße* im Gutleutviertel.

Beliebt ist auch die Ehrung solcher Persönlichkeiten, die sich in besonderer Weise um die Menschen in Frankfurt verdient gemacht haben. Der ehemalige Bürgermeister Dr. Moritz Heussenstamm beispielsweise wird mit der *Heussenstammstraße* gewürdigt, während die Gebrüder Lachner (*Lachnerstraße* in Fechenheim) das kulturelle Leben der Stadt als Komponisten und Kapellmeister bereicherten. Ganz in diesem Geiste stand auch die Widmung der Frankfurter Schauspielerin Lia Wöhr (*Lia-Wöhr-Platz*) oder der Volksschauspielerin Liesel Christ (*Liesel-Christ-Anlage*), deren gleichnamiges Volkstheater bei Frankfurtern und ihren Besuchern noch heute als echter Publikumsmagnet gilt.

Selbstverständlich dürfen auch die großen Dichter und Denker nicht fehlen: Johann Wolfgang von Goethe, vielen Frankfurtern das wohl beliebteste Aushängeschild der Stadt, erhält mit dem *Goetheplatz* sowie der *Goethestraße* gleich an zweierlei Orten eine öffentliche Widmung. Und auch Philosoph und Multitalent Gottfried Wilhelm Leibniz (*Leibnizstraße*), Strafrechtler Paul Johann Anselm Ritter von Feuerbach (*Feuerbachstraße*), Naturforscher Friedrich Wilhelm Alexander von

Humboldt (*Humboldtstraße*), Aufklärungsbegründer Gottfried Ephraim Lessing (*Lessingstraße*) oder der Begründer des Frankfurter Instituts für Sozialwissenschaften, Theodor Wiesengrund Adorno (*Theodor-W.-Adorno-Platz*), finden ihre Namen heute im Frankfurter Straßennetz wieder.

Selbstverständlich sind auch die ganz großen Namen im Frankfurter Straßennetz vertreten – jene also, die weit über die Stadt- und Landesgrenzen hinaus bekannt sind. Die *Rembrandtstraße* zum Beispiel geht zurück auf den weltberühmten Maler Rembrandt van Rijn. Zusammen mit anderen Künstlerkollegen steht sein Name Pate für das soge-

Im Malerviertel

nannte Malerviertel in Sachsenhausen, das heute als besonders begehrte Wohnlage gilt. Der Namenspate der *Röntgenstraße* dürfte den meisten Menschen zumindest von Arztbesuchen bekannt sein, während John F. Kennedy (*Kennedyallee*) und Dr. Martin Luther King Frankfurts kosmopolitische Seite unterstreichen. Und das mit einem großen Ausrufungszeichen: Schließlich ist der afro-amerikanische Bürgerrechtler in der Stadt am Main mit dem *Martin-Luther-King-Park*, der *Martin-Luther-King-Straße* und dem *Martin-Luther-King-Platz* gleich drei Mal vertreten.

Wer Hessisch koan, is gud berade:

Mundart und Straßennamen in Frankfurt

Schon beim ersten Blick durchs Frankfurter Straßenregister fallen einige Namen auf, die in dieser Form wohl kaum im amtsdeutschen Wortschatz zu finden sind. Hessische Mundart hat vielerorts ihre Spuren hinterlassen – und wird dabei selbst von alteingesessenen Frankfurtern nicht immer richtig gedeutet. Schließlich verändert sich Sprache im Laufe der Jahrhunderte so stark, dass etliche Begriffe und Bezeichnungen heute weitgehend unbekannt sind. Und was für das geschriebene Wort gilt, das gilt erst recht und in noch viel größerem Maße für die Mundart, die ihrem Namen entsprechend häufig nur von Mensch zu Mensch, eben rein *mündlich* weitergegeben wird und sich beinahe ebenso schnell wieder verändern kann.

Perfektes Hessisch zu sprechen, bringt einem Menschen im Zweifel also nicht automatisch Erkenntnisse über die mundartlich geprägten Straßennamen in Frankfurt. Viele sind zu Zeiten entstanden, in denen der sprichwörtliche Volksmund noch ganz anders *babbelte.* Darüber hinaus wurden die Begriffe, die Pate standen für die heutigen Straßenzüge, gern auch einmal verkürzt oder verballhornt. Diese Eigenart wiederum darf durchaus als typisch hessisch angesehen werden – für verschluckte Buchstaben und liebevolle (oder gern auch einmal spöttisch) gemeinte Verkürzungen ist diese Mundart schließlich bekannt.

Die hessisch geprägten Straßennamen zu erkunden, kommt daher gewissermaßen fast einer Entdeckungsreise ins lokale Sprachgefühl gleich. Wie würde ein Frankfurter zum Beispiel eine einseitig bebaute Häuserreihe benennen? Keine Frage, das muss eine Zeil als Kurzform von „Zeile" sein! Als kurioser Sprachmix aus Hessisch und Englisch hingegen dürfte das Wort Wed entstanden sein, welches dem englischen Wortursprung verwandt tatsächlich eine Wasserstelle zur Pferdepflege bezeichnete und heute in Form eines Straßennamens verewigt ist. Nur mit reichlich Fantasie hingegen lässt sich die Entstehung der *Töngesgasse* verstehen. Ihr Name geht auf den Orden der Antoniter zurück, die hier im Mittelalter ein Kloster bezogen. Vielleicht ist es der Liebe zur Koseform zu verdanken, vielleicht schwingt aber auch hier ein leicht ironischer Ton mit. In jedem Fall wurde der heilige Antonius im Laufe der Jahre zum Tönges erklärt – ob dieser Name schmeichelhaft gemeint war oder nicht, darüber sollten kundige Sprachwissenschaftler ein Urteil fällen. Und auch diese Straßennamen haben ihren Ursprung in der hessischen Mundart: Am *Atzelberg* in Seckbach sollen einst zahlreiche Elstern gelebt haben, während das *Büttelstück* im gleichnamigen Stadtteil Aufschluss über die einstige Nutzung gibt: Als Büttel kannte man den Hüter der Weinreben, die schon vor Jahrhunderten rund um den Lohrberg angebaut wurden.

2–6
Wed
1–13

Literaturhinweise

Print

Offizielles Straßenverzeichnis der Stadt Frankfurt am Main

Die Benennung der Straßen, Plätze und Brücken in der Stadt Frankfurt am Main; Aloys Molter, herausgegeben von der Stadt Frankfurt am Main, Dezernat Planung und Sicherheit, Stadtplanungsamt, Frankfurt am Main

Vom Abtsgäßchen bis zur Zwischenstraße; Aloys Molter, Broschüre des Stadtvermessungsamtes Frankfurt

Nordweststadt – Junge Stadt auf altem Boden; Dr. Paula Henrich, herausgegeben mit Unterstützung der Frankfurter Sparkasse von 1822 (Polytechnische Gesellschaft)

Frankfurter Straßen und Plätze; Ernst Nebhut, Ferry Ahrlé, Societäts-Verlag

Großer Hirschgraben – Vergangenheit einer Frankfurter Straße, Hans-Otto Schembs, Herausgegeben von der Firma Farben Jenisch, 1979

Oberrad – Kleine Chronik eines Dorfes und Stadtbezirkes; Friedrich Lauf, herausgegeben mit Unterstützung der Frankfurter Sparkasse von 1822 (Polytechnische Gesellschaft)

Höchst am Main; Rudolf Schäfer, herausgegeben von der Frankfurter Sparkasse von 1822

Frankfurt ehemals, gestern und heute – eine Stadt im Wandel; Wolfgang Klötzer, Steinkopf Verlag

Der Börneplatz in Frankfurt am Main; Hans-Otto Schembs, Verlag Waldemar Kramer, herausgegeben vom Magistrat der Stadt Frankfurt am Main

Spaziergang durch die Frankfurter Geschichte; Hans-Otto Schembs, Verlag Waldemar Kramer

Das Bornheim Buch; herausgegeben von Carla und Heinz Schutt, Verlagsbuchhandlung und Antiquariat Heinz Schutt

Last Exit Sossenheim; Chlodwig Poth, Knesebeck Verlag

Internet

Offizielle Internetpräsenz der Stadt Frankfurt am Main
Offizielle Internetpräsenz des Zoo Frankfurt
Wikipedia
http://www.frankfurt-nordend.de
http://www.sagen.at
http://www.rhein-main.es
http://www.lagis-hessen.de

Die Autorin

Liebe auf den zweiten Blick: Katharina J. Cichosch wurde 1984 geboren und lebte in fünf verschiedenen Städten, bevor es sie nach Frankfurt verschlug. Studium der Freien Bildenden Kunst und Psychologie, daneben freie Mitarbeit als Texterin und Autorin. Vor einigen Jahren schließlich in Frankfurt gelandet, welches sie zuvor nur als „Stadt mit den Hochhäusern“ oder aus alten Fassbinder-Filmen kannte.